歴史文化ライブラリー
254

贈答と宴会の中世

盛本昌広

吉川弘文館

目次

水産物の贈答と宴会

味覚と贈答

贈り物と宴会の本質――プロローグ

1　贈り物と宴会の本質

のしの起源

柳田国男は「のしの起源」（昭和十三年〈一九三八〉発表、同十五年に『食物と心臓』に収録されて刊行、後に『定本柳田国男集』第十四巻に収録）の中で、次のように述べている。

人に我々が物を贈るときに、必ずノシといふものを添へることは、暫く日本に滞在した外人ならば皆知つて居る。しかし其起りとかもとの趣意とかを尋ようとすると、大抵の日本人にはもう説明が出来ぬやうになりかけて居る。我々のフオクロアの中には、斯ういふ種類のものが多い。以前はたゞあまりに普通であり、又あまりにも当り前であつた為に、書物にも録せられず、学校でも教へようとしなかつたものが、そのうちに僅かばかり外形が変り、同時に是を裏付けて居た或る一つの考へ方が改まると、忽然として一般の忘却は始まり、可なり大切な文化史の、一つの線は切れるのである。のし袋は結婚式などの祝儀の際に金銭を入れる袋として使われている。しかし、今ではのしがいかなる意味であるかを知る人は少数であろう。まして、柳田がいうように、その起源を知る人はごく僅かしかいないと思われる。のし（熨斗）とは、鮑《あわび》の肉を薄く剝《は》いで乾かしたもので、現在でも伊勢神宮では神に捧げられる供物《くもつ》であり、古式にのっとったやり方で製作されている。現在一般に売られているのし袋は熨斗が印刷されていたり、模造品が添えられているだけだが、本来は本物の熨斗が添えられていた。では、祝儀袋になぜ熨斗が添えられるのだろうか。柳田はさらに次のように述べている。

永い間の習はしによつて、今でも我々はノシを附けてないと、本当に物を貰つたやうな気持がしない。何か事情があつてノシを附けて来ぬときには、附いて居るものと見てくれといふやうな言葉を、是非とも添へないと気のすまぬ人もまだ多い。ところが是ほど欠くべからざるノシといふものを、附けてはならぬ場合が三つまでは確かにあるのである。其一つは贈り物が魚鳥であるとき、二つは何か簡単な動物質の食料たとへば鰹節などが、既に贈り物に取添へてあるとき、第三の特に重要な制限は、葬式法事などの精進の日、即ち所謂なまぐさい食物を食べてはならぬ日の贈り物である。この約束は現在も固く守られ、忘れてそんなことをすると少なくとも大いに笑はれる。

たつた是だけの事実を見たゞけでも、少なくとも、ノシが魚類その他の所謂なまぐさい食物を、代表するらしいことまでは推測し得られるのである。

この文章からは贈り物は魚鳥など生臭物とそれ以外のものの二つに分類が可能で、熨斗は生臭物の代表であったことがわかる。また、精進日《しょうじん》以外には一般の贈り物に熨斗や鰹節のような生臭物を添える慣習があったことを示している。つまり、贈り物には原則として、生臭物なかでも海の物が必要であったのである。海の物は魚のみでなく、昆布・海苔・スルメなど現在の生物学的分類でいえば、貝・海草・軟体動物も含まれ、現在の贈答品にも多くみられる。こうした海の物が贈答品とされた理由に関して、柳田は日本人の先祖が海と親しい生活をしていた名残りと推測している。

海産物と宴会

海産物は宴会の席でも重要な位置を占めた。大永《だいえい》八年（一五二八）に伊勢宗五《そうご》が記した故実書《こじつ》（儀礼の先例を記したもの）には、式三献《しきさんこん》と呼ばれる正式な宴会に出される膳が描かれている（図1参照）。式三献では三つの膳が出される。最初の膳には大中小の白土器《かわらけ》（白い色をしたかわらけ）が重ねて置かれていて、これを使って三回酒を飲むのが慣習である。白土器の下には打蚫《うちあわび》が三本置かれている。打蚫はのしと同じもので、鮑《あわび》を打って薄く伸ばしたようにみえるので、この名があるのだろう。ほかに生塩《なましお》・生姜・梅干・海月《くらげ》も添えられている。みた目には豪華ではないが、これが本

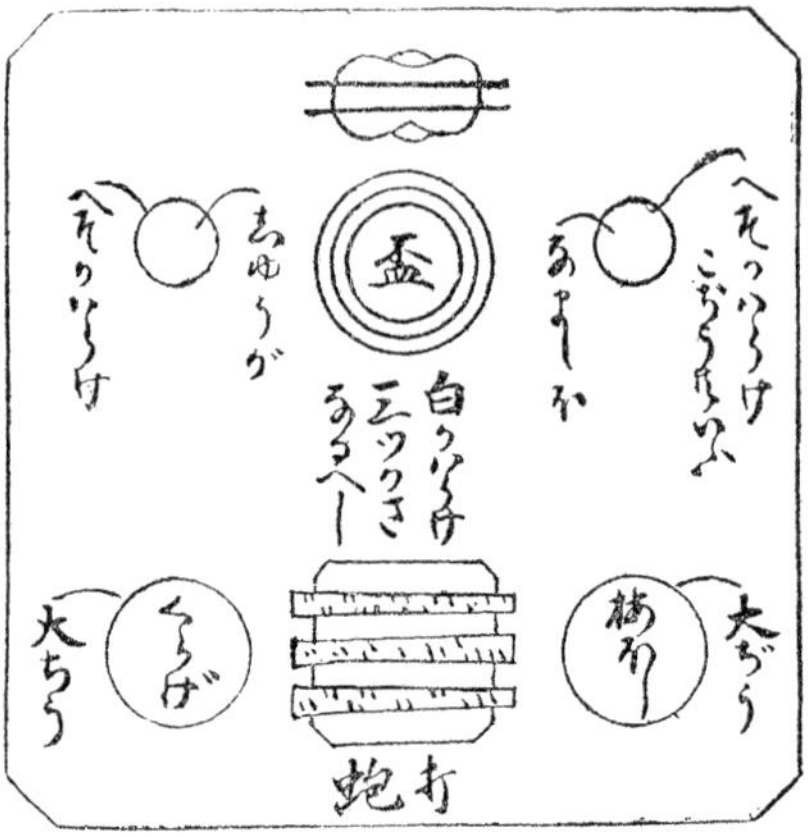

図１　式三献の最初の膳（『宗五大草紙』より）

来の式三献に出されるものであり、その中に打鮑・海月・塩という海産物が含まれていた。

これはのしが宴会でも重要で、海産物の代表的存在と認識されていたことを示している。海月はのしと並ぶ海の物とされていたが、今でも地味ながら酒の肴として食されている。後で述べるように、室町時代には海月の贈答が盛んに行われ、商品としても大量に流通していた。教科書や文法書でもよく取り上げられる『枕草子《まくらのそうし》』の有名なセリフに「さては扇のにはあらで、くらげのななり」とあるように、平安貴族の間でも海月は親しみ深いものであった。あまりぱっとした生物とはいえない海月が海産物の代表的存在とされた理由は不明である。一般に海の物といえば、魚ばかりに目がいってしまう傾向があるが、魚以外のものを含め総体として海の物が贈答や宴会、食生活などに果たした役割を考える必要があることを示唆している。この点はともあれ、贈答や宴会において、海産物の比重が高かったことは事実である。

伊勢神宮にのしが捧げられていたことに代表されるように、海産物は神に対しての供物ともなっていた。供物のことを中世では供祭物《くさいもつ》と呼ぶが、各地の漁民は供祭物を捧げることで、神社の供祭人《くさいにん》となり漁業特権を認められていた。もちろん、内陸の漁民の場合は川や湖沼で獲れる魚を捧げていたのであり、水産物一般が供祭物とされていた。神に捧げられた物は直会《なおらい》と呼ばれる宴会で、参列者にも分け与えられ、神と人が共食することになった。

柳田は宴会の目的に関して、さまざまなことを述べているが、神と人、また人間相互がつながりを持つために同じものを食べることが行われたと述べている。また、ある人が特定のものを独占するのではなく、他人に贈る慣行に関してもしばしば言及している。贈答品の多くは食品であり、結果として贈った人と贈られた人が同じものを食べることになる。

宴会には目的や主催者などの観点からみて、さまざまな形態がある。先の直会は神を接待するために行われ、それに人々が参加するものであり、神が主賓といえよう。一方、ある件で便宜を図ってもらう目的で、権限を持つ人を接待する宴会は現代しばしば問題になっている。これは権限を持つ人を主賓とするもので、このような特定の人を接待したり、歓迎する目的で行われる宴会も多い。また、正月や節供《せっく》のように年中行事の際に開かれる宴会もある。宴会の場では酒と料理が出されるだけではなく、贈答も行われるのが普通であり、宴会と贈答は一体のものである。

年貢・公事と贈答・宴会

神に対する捧げ物は自発的なものならば寄進であり、贈与の一種となるが、強制的に賦課されるものならば、贈与ではなく税となる。だが、自発的な寄進と強制的な賦課を区別するのが困難なことも多く、贈与と税は相互の間を揺れ動いていた。また、贈与にしても最初の段階では自発的であったものが、毎年必ず行われるようになることで事実上義務化し、それにより一種の強制となり、贈る側にとっては苦痛になるケースもありえる。

中世の税として基本的なものに年貢と公事《くじ》がある。年貢は水田の面積を基準として賦課されるもので、主なものに米や銭があるが、絹・麻布や金・鉄などもある。一方、公事は領主や村落で執行される年中行事やその際に行われる宴会、さらには領主の日常生活に必要なものを確保するために賦課される。公事として領主に納入されたものが、ほかの領主に贈られたり、天皇や将軍に献上されることも一般的である。年中行事では各行事ごとに特別なものが使用されたり、食べられたりする。たとえば正月なら餅・お節料理・門松《かどまつ》、端午《たんご》の節供なら粽《ちまき》が必須であり、これらは公事として納入されると同時に、贈答品ともなっていた。このように年貢・公事と贈答・宴会は密接な関係がある。年貢の貢とは貢ぐという意味であり、字面からみても贈与的な要素を含んでいる。百姓が年貢や公事を納入する意味、逆に領主が収納できる正当性が何にあるかは大きな問題である。

贈答と互酬性

柳田は著述の中で、しばしば贈られたら必ず何らかの形でお返しをするという民俗事例に言及している。この慣習は文化人類学で使用される互《ご》酬性《しゅうせい》という概念に等しい。互酬性とは端的にいえば、相手に何かを与えたら、それが自分に何らかの形で戻ってくるという観念であり、それに基づいてさまざまな社会的活動が行われる。その典型的なものがお返しで、ものを贈られた人は贈った人に何かを返さなければならない。柳田の述べた民俗事例では贈られたものに見合ったものではなく、形式的なものがお返しとされる場合も多い。お返しはものを贈れば、もので返ってくるとは限らない。武士が主人から知行を与えられる代わりに軍事的奉仕を行うのは、土地というものに対して、行動で返すことであり、こうしたお返しも多く存在する。ヨーロッパの場合では人に無償の施しをすると、来世で救われるという互酬性の観念が存在し、それに基づき寄進行為が行われていた（阿部謹也『中世の窓から』）。

こうしたお返しの観念は現在の贈答慣行でも生きており、バレンタインデーのチョコレートの贈答に対し、お返しを行うホワイトデーという慣行が広まったのも、この観念に基づく面が大きいと思われる。現代においては、贈答慣行が商業ベースに乗り、消費の拡大に利用されている点が特徴といえよう。一方、中世の互酬性としては上納と下行《げぎょう》、献上と下賜、寄進・施行《せぎょう》と死後の救済などがある。下行とは上位者が下位者に対して、米などのものを与えることで、百姓に対する種籾（出挙《すいこ》）の貸与、災害時の食料の下賜《かし》、宴会の際の酒食の提供が下行の典型である。年貢・公事の本質を解明するには、贈与や互酬性の観点から考えていく必要がある。

本書で扱うテーマ

贈与や宴会はさまざまな機会に行われ、年貢や公事など関連する事象も数多く、時代的変化や階層による相違など明らかにすべき点は無限にある。本書ではこれらの点をすべて扱うことはできないので、いくつかのテーマに絞って、中世の贈与と宴会について考えていく。そのテーマは、①客人を接待する慣行に基づく宴会、②室町幕府の年中行事と贈答、③中世における水産物の贈答、④甘い物の贈答と普及である。

①を取り上げたのは、宴会の中でも客人を接待する目的のものが中世には在地における対立をもたらし、しかも現在も問題となっている接待や賄賂につながるからである。②を取り上げたのは、室町時代には多くの年中行事書や故実書が作られ、同時に日記なども豊富に残り、年中行事と贈答の実態を詳しく知ることができるからである。③を取り上げたのは、柳田が提起した海産物の贈答の実態を室町時代を中心にして、海の物以外の水産物も含めて明らかにすることで、水産物の贈答の起源、現在の漁業や食生活を見つめなおす

ことができると考えられるからである。

④は甘いという味覚を取り上げたものである。すべての人は宴会や日常の食生活でおいしいものを食べたいという欲求を持っていた。後で詳しく述べるように、中世にはおいしいものを意味する美物《びぶつ》という言葉があり、魚と鳥を指していた。その一方で甘い物を求める欲求も強く、それは次第にエスカレートしていき、現在では砂糖などの糖分の取り過ぎが問題となっている。甘さに関する感覚や甘い食品の内容も時代により異なり、こうした味覚の時代的変遷を解明するのも重要なテーマである。

本書ではこれらのテーマを考えていくうえで、次のような観点にも留意している。一つは贈り物や宴会に出される食物おのおのが持つ固有の性質である。贈り物や食物としてあるものが選択されたのには、それぞれ理由があるが、もの自体に付随する性質や賦与されていた意味性が考慮されたはずである。よって、この点に留意することが贈答や宴会の本質を知るうえで必要と考えられる。

もう一つは、民俗事例をいかにして位置づけるかである。柳田は先に引用した「のしの起源」のように、民俗事例を用いて、過去の民衆の生活やその時代的変遷を明らかにしようとした。贈答や宴会に関しても、過去の痕跡が民俗事例に残存しているのであり、民俗事例を手掛かりにして、中世の贈答や宴会、年中行事の実態を解明するのも可能と考えられる。

また、贈答や宴会の研究はそれが行われる場のみに関心が集中しがちだが、どのようにして生産され、その場に持ち込まれたかも重要である。贈答や宴会の在り方とその場で消費されるものの生産や流通は相互に影響を及ぼしている。たとえば、上位者における贈答や宴会で使用される物は商品イメージが上がり、下位者もそれに憧れを抱き、できることならばそれを獲得しようとする。もちろん、値段が高ければ手が出ないが、生産量や流通量が増加して値段が安くなれば、購入は可能になる。このように、あるものが上位者によって使用されることで、それがブランド化し、生産・流通・消費に影響を与えることがある。本書ではこうした点を考慮して、贈答品の生産・流通に関しても言及している。

客人の接待と贈答

客人歓待と贈答

客人歓待と三日厨

毎年、四月に行われる新入社員歓迎会や学生の新歓コンパ、外国からの来賓を歓迎する宴会は最も一般的なものである。これらの宴会には別の場所や組織に新たに来た人に対する歓迎をする意味を込めたという点で共通点がある。歓迎に類する言葉として、歓待・もてなし・馳走《ちそう》といった言葉がある。英語のホスピタリティー（hospitality）は歓待・厚遇・親切にもてなすという意味であり、それから病院・慈善施設・養育院（hospital）やホテル（hotel）という言葉が生まれた。その本質は客人を歓待するというものであり、病院やホテルは歓待が行われる場所ということになる。病気の治療も歓待の一種で、中世の日本にも同様の施設があった。また、天皇や将軍のような上位者が下位者に薬を与えたり、病気を治す効果があると信じられているものを贈り、恩恵を示すこともあった。

こうした客人歓迎のための宴会は原始の昔から存在したと思われるが、古代においては国司が新任の国に入った際に、国の人が境界で接待をする境迎え《さかむかえ》（坂迎え）や三日厨《みっかくりや》と呼ばれる宴会が行われた。後三年の役《えき》の経過を描いた『奥州後三年記《おうしゅうごさんねんき》』には永保《えいほう》三年（一〇八三）に藤原真衡《さねひら》が陸奥《むつ》国司として下った源義家《みなもとのよしいえ》に対して、三日厨を行なって饗応したことが記されている。原文には「真ひら、まづたゝかひのことをわすれて、新司を饗応せんことをいとなむ。三日厨といふ事あり」とある。さらに、真衡は義家に日ごとに上馬五十疋、ほかに数えきれないほどの金・羽（鷲の羽）・あざらし・絹布《けんぷ》などを贈っている。三日厨の場では酒食の提供による饗応のみでなく、大量のものが贈られていて、義家は陸奥に入ってすぐに多くのものを獲得し、富を築いたのである。

贈ったものはすべて奥州の特産品として名高いものばかりである。金は平泉の金色堂《こんじきどう》に象徴されるように、奥州藤原氏の栄華は大量の金の産出によって支えられていた。また、奥州の馬も有名であり、奥州にある牧では多くの良馬が飼育されていた。アザラシは奥州の北部または蝦夷《えぞ》地《ち》の海で捕れたものであろう。贈られたのはアザラシの皮で、馬の泥障《あおり》または行縢《むかばき》用に利用されたと考えられる。絹布は絹と麻布を総称したもので、ともに奥州の特産物であった。このように、三日厨の際には特産物も贈られ、国司である義家を歓待したのである。

三日厨と荘園

三日厨は平安後期に多くの荘園が成立するにつれて、実質的な荘園経営を行う預所《あずかりどころ》や荘園領主から派遣される使者を歓待するために荘園でも行われるようになった。高野山《こうやさん》の僧侶鑁阿《ばんな》は文治《ぶんじ》三年（一一八七）に後白河《ごしらかわ》上皇から備後《びんご》国大田庄《おおたのしょう》の寄進を受け、建久《けんきゅう》元年（一一九〇）六月に置文《おきぶみ》を定めた。この置文によれば、同年に検注《けんちゅう》が行われ、庄内にある水田全体の面積が六百十三町余と確定し、それから公事《くじ》が免除される水田二百三十六町余（雑事免）が差し引かれ、残る水田三百三十二町に公事が賦課されることになった。また、預所が下向した時に行われる「落付三日厨《おちつき》」や引出物の贈与、京に帰る際の「へムケ」としての餞別品をどのように負担するかも記されている。「落付」にはいろいろな意味があるが、この場合は旅で目指す場所に行き着くという意味で、要するに「落付三日厨」とは預所が荘園に到着した時に行う宴会のことである。また、その後も預所は荘園に滞在するが、それも含めた費用を「供給料《くぎゅう》」と称し、水田一反《たん》あたり、白米一升五合・乃米《のうまい》五合が賦課されている。供給は平安から鎌倉時代にかけての史料に多くみられる言葉で、国から派遣される使者を接待することを意味することが多い。

引出物は現在でも結婚式の引出物のように使用される言葉で、特別な場で贈られるものを指す。引出物は下司《げし》・公文《くもん》・田所《たどころ》・惣追捕使《そうついぶし》が六丈布を一人あたり、五反から一反負担することになっていた。下司・公文・田所・惣追捕使は荘園に住む下級荘官で、彼らには下司名・公文名・田所名・追捕使名として公事が免除された名《みょう》田《でん》が与えられていた。彼らは一般的な公事は免除される代わりに、預所が来た時への贈物を負担していたのである。このことから、三日厨やその際の引出物、餞別は公事の中でも特別なものであったことがわかる。六丈布は苧麻《ちょま》布と思われ、一丈は約三メートルにあたるので、一八メートルの長さの布であり、板に巻いた状態で贈られたのだろう。

置文には「引出物一任一度」とあるので、預所が最初に来た時にだけ、贈ることになっていた。預所は補任されている限り、何度も荘園を訪れるため、その度に引出物を贈ると負担が大きいので、最初だけに限定しておいたのだろう。これに対して、餞別の品は「へムケ京上毎度勤」とあるので、帰る時にはいつも贈ることになっていた。負担は下司が六丈布三反、公文が四丈布二反、田所と惣追捕使が四丈布一反であり、初任時の引出物よりは長さが短くなっている。「へムケ」とは手向《たむけ》のことで、神仏への供え物や、旅人への餞別のことで、古代以来の慣習であった。

また、置文は「木松菜料」も公事を負担する水田に賦課するように命じている。「木松」とは炊事・暖房用の燃料のことで、主に松が使用されていた。松は油脂成分を含むので、火力が強く、松明《たいまつ》のように燃料用に重宝されていた。現在でも中国地方には赤松林が目立つが、当時の大田庄周辺にも松林が多かったのだろう。「菜料」は野菜・果物・魚鳥などの副食品である。さらに、置文は預所が馬に乗ってきた時には、秣蒭《まぐさ》（馬草）も負担するように述べている。このように、預所が来た時には三日厨が行われ、その際には多くの苧麻の布が贈られ、滞在時を含め多額な接待費用が掛かっていたのである。

三日厨は滞在費用を含めて、荘園在住の人々にとってたいへんな負担であり、だからこそ鑁阿は置文を定めて、その定量化を図ったのである。

三日厨の強要

だが、三日厨などの客人歓待慣行を利用して、利益を得ようとする荘園領主側の人々は多く存在し、争いの種になっていた。嘉禄《かろく》三年（一二二七）二月に周防《すおう》国多仁庄田布施領の百姓が記した解文《げぶみ》には、接待に関する非法の数々が記されている。

まず、三日厨については、預所が補任されて最初に荘園に来た時に、一日に一度だけ行うことになっていたが、今度の預所御代官は下向の度ごとに三日厨を要求し、さらに引出物と称して、白六丈布を強制的に奪い取ったと歎いている。また、清酒三瓶子《へいし》や白米・舂《つき》麦《むぎ》までも攻め取られたという。この田布施領は従来から存在していた多仁庄に対して、新たに開発されて成立した所領で、多仁庄の新庄とされていたらしい。大田庄の場合は引出物が「一任一度」とされていたが、多仁庄田布施領では三日厨が「一任一度」とされている。「一任一度」という最初の補任の時に三日厨や引出物の贈与を限定する慣習があり、新しい代官が強要した三日厨は先例がないとして拒否された。先例は中世において自己の主張に正当性を賦与する根拠として重要なものであり、先例を破った新しい代官の行為は厳しく糾弾されたのである。

引出物として攻め取ったのは、先に述べた大田庄の場合と同じ六丈布であり、鎌倉初期の三日厨における引出物は六丈布が基本であったことを物語る。この時期の僧侶に贈る布施も絹織物や絹布・糸、麻布といった繊維製品が基本であり、大量の繊維製品が贈答されていた。その背景にはまだあまり銭が流通しておらず、絹や麻が貨幣としての役割を果たしていたことがある。一方、清酒は宴会の必需品であるが、当時の酒には清酒と濁酒《どぶろく》があり、清酒はよりランクの高い酒であり、それを強要するのは当然ではある。

ほかに問題とされた非法の一つに、内検使《ないけんし》が傀儡子《くぐつ》を連れて来て、饗応を強制したことが挙げられている。内検は不作の時に作物の状況を調べるために行われるもので、荘園領主から内検使と呼ばれる使節が派遣されてくる。内検使も外部から来た客人の一種であり、饗応を行わねばならなかったが、去年の場合は多数の傀儡子を連れてきたため、問題となったのである。傀儡子とは各地を遍歴する芸能民の一種で、後白河法皇の前で今様《いまよう》を披露した美濃《みの》国青墓《あおはか》の傀儡子が有名である。傀儡子や遊女は神崎や江口など瀬戸内沿いの港に集住しており、次に述べるように代官らは船でこの荘園に来ているので、途中の港で知り合ったなじみの傀儡子を連れてきたのだろう。傀儡子の人数は八日分の饗膳が合計で二百七十二膳であったと書かれているので、一日二回の饗応ならば十七人、一回ならば三十四人となる。饗応の場では内検使は傀儡子が披露する今様や舞の芸をみながら、酒を飲んで楽しんでいた光景が目に浮かぶようである。

吉書饗

この解状では非法な吉書饗《きっしょあえ》を強要されたことも訴えている。百姓の主張によれば、吉書饗は職人以外は同席しないのが先例だが、当年には職人以外が同席し、饗膳三十二前（膳）として白米三斗二升、酒瓶子十四、魚直米《じきまい》八斗を責め取られたという。饗膳とは饗応の際に各人ごとに出される膳を指す。膳の種類は多様だが、絵巻物によれば単なる折敷《おしき》の場合も多い。折敷とは薄い木の板のことで、その上に皿や土器《かわらけ》などを置いて、食事や飲酒をする。瓶子は瓢箪型をした陶器で、絵巻物によくみられるもので、高級品は中国からの輸入陶磁、普及品は瀬戸など国産の陶器であった。この場合は残念ながらいかなる膳や瓶子が使用されたかは不明である。魚直米とは魚の代わりの米であり、この米で魚を買ったのだろう。

吉書とは儀礼的な文書を意味する。朝廷・幕府・公家などでは年始・改元・代始やある職に新しく任官した時などに、吉書と呼ばれる文書を作成して、それを天皇や将軍に捧げて、観覧する儀式が行われていた。吉書には年貢の請取状形式などさまざまな種類がある

図２　饗応の場で遊女と酒を飲む武士（『一遍上人絵伝』より）

が、一般的に知られているのが三ヵ条吉書と呼ばれているもので、①神事の勤行、②勧農の励行、③年貢納入を記したものである。要するに吉書は事が改まった時に行われるもので、三ヵ条吉書によれば勧農を行なって、年貢が完納されることを願う目的があった。こうした意味での吉書は所領や百姓支配と直結するため、吉書の儀式は荘園でも行われるようになったと考えられる。

この解文では、預所や代官が政所《まんどころ》を定めて公務を行うことは先例だが、去年の代官は又代官政所までも作らせたと訴えている。この場合は政所が二つあることが問題とされているが、政所の存在自体は公務上必要なものと百姓も認めている。この政所で年始に吉書の儀式が行われるのが恒例で、代官が百姓の前で吉書を作成して、読み上げていたのだろう。そして、吉書の儀式が終わった後に吉書饗と呼ばれる宴会が行われていた。しかし、去年の場合は代官が又代官政所で吉書の儀式を行い、定められていた職人以外の者も同席させたため問題にされたのである。

職人とは荘内に住む職人を指すと思われるが、吉書の儀式に参列し、饗応を受けていた。百姓とは身分的に異なる職人は吉書でも独自の役割を果たしたのだろう。百姓にとって勧農行為によってもたらされる豊作は最大の願望であり、吉書の儀式は必要不可欠なものであった。それゆえ、吉書後の宴会用の米や酒を負担したのである。

一方、中央の領主で行われる吉書の費用を荘園が負担する場合もあった。北条得宗《とくそう》領摂《せっ》津《つ》国多田庄からは吉書銭《きつしょせん》が「年始御吉事」の恒例の所役として、鎌倉に送られていた（多田神社文書）。この吉書は得宗家が年始に行うものであり、その費用が多田庄に賦課されていた。鎌倉の得宗家の屋敷で行われる吉書も多田庄の繁栄を祈る意味があり、だからこそ多田庄から吉書銭が送られたと考えられる。得宗家でも吉書の後で宴会が行われたはずであり、吉書銭はその費用も含み込んでいたはずである。

乗船饗

解文では、当年に乗船饗が多数責め取られたことも訴えている。百姓の主張によれば、例年は祝いや形式として、二、三または四、五膳を用意していたが、今年は三十二膳、魚直米五斗、酒七瓶子を用意させられたという。この乗船饗とは何を意味するのだろうか。代官は京から船に乗って多仁庄に来て、再び船に乗って京に戻る。つまり、来た時の饗応が三日厨、帰る際に行われるのが乗船饗であり、現代風にいえば送別会にあたる。先述したように、手向けとして贈与が行われるのは一般的であり、この乗船饗もその慣行に基づいて行われた宴会といえよう。

しかし、それはあくまでも祝儀的、形式的なもので、わずかな膳を用意するのみであった。ところが、今年の代官は三十二膳という多くの膳を用意させたため問題となったのである。この膳の数は吉書饗の膳の数と一致するので、吉書饗に出席したのと同じ人が乗船饗にも参加したことを意味する。乗船饗には京に帰る人が参加するので、三十二とは代官が京から連れてきた人々の総数となる。百姓は解文で従来の預所や代官は十人以下の人を連れてきたが、去年は多数の人々を連れてきたとも述べている。その数がまさに三十二人であり、それは先例とは異なるものであった。

しかも、乗船した後に再び下船して、先例のない弓事を賦課したとも百姓は主張する。弓事とは弓を射る儀式と思われるが、この場合も白米・清酒や魚の費用として、百姓は米を一石五斗も負担しており、乗船饗の負担が米一石一斗余であったのに比べて量が多く、乗船饗以上の豪華な宴会が行われたのである。

公務遂行中の接待

預所や代官は荘園に入り、政所に滞在して吉書や年貢収納などの公務を行なっていたが、百姓は彼らの滞在中の生活の面倒もみる必要があった。解文では先例のない秣籾《まぐさもみ》を一日あたり三升、蒭《まぐさ》五十方を攻め取られ、合計で秣籾五石四升、□(秣)一万余に上ったと述べている。秣も蒭も字が異なるだけで意味自体は同じで、馬の飼料つまり馬草のことである。解文には秣籾と書かれているので、米の籾を馬草として納入させていたことがわかる。また、蒭は具体的には不明だが、五十方・一万方のように方という単位で表現されている点が注目される。方は正方形・平方・立方のような用法があり、すべて同じ長さを掛け合わせるという意味なので、この場合も体積の単位と考えられる。現在、馬草は輸入品も存在するが、その形は草を立方体状に固めたものであり、この場合も同様の形をした草を方と表現したと考えられる。結局、秣と蒭の相違は秣は禾偏《のぎへん》なので穀物、この場合は籾であり、蒭は草冠《くさかんむり》なので草が原則であったと考えられる。もちろん、この区別が厳密になされていたとは限らない。

さて、当然ながら秣蒭《まぐさ》は馬の飼料なので、代官は馬を連れて荘園にやって来たことになる。代官は船に乗って来るので、本来馬は不要だが、馬に乗ることは身分的に上位にあることをみせつける意味があり、そのためわざわざ馬に乗って来たと考えられる。鎌倉幕府の規定では侍身分でない者が馬に乗ることは禁止されていた。先に弓事について触れたが、この代官は馬に乗っているので、弓事とは馬上からの騎射を指すのかもしれず、代官はあたかも武士のように振る舞っていたのだろう。

また、百姓は先例では「日巡御菜」は、木松八束・塩味少々・雑菜三種であったが、今度の代官は一日ごとに木松二十六束・塩味各一升五合・雑菜十三裹《か》を強要し、合計で木松五千五百束・塩味六石余に上ったとも訴えている。木松は先に述べた鑁阿の置文でも規定されており、生活上の必需品である。塩味とは各一升五合とあるので、塩と味噌を指す。雑菜は具体的な品名は不明だが、いろいろなおかずを意味する。『徒然草《つれづれぐさ》』には大仏宣時《おさらぎのぶとき》が北条時頼《ほうじょうときより》に呼ばれて酒を飲んだ時、小土器《こかわらけ》に味噌が付いたのをみつけて、それを肴《さかな》にした話が記されているが、これは味噌が酒のつまみとして一般的であったことを物語る。代官らも晩酌をしながら、味噌をなめ、百姓に提供させたさまざまな食べ物に舌鼓を打ったのだろう。

しかも代官は持ってきた物が少ないとか粗略だとか難癖をつけて、百姓の着物をはぎ取って、質に入れることまでしていた。いかにも悪い代官がやりそうなことだが、百姓も先例通りの食事や木松の提供自体は否定していない。なぜなら、それは公務を行ううえで、必要なものとして、公事の一種となり、負担の義務があったからである。三日厨や引出物、吉書饗、餞別の提供、政所の築造も公事であった。このように、宴会や贈答が公務と密接に結びついていたことは、現在問題になっている公務員による接待・賄賂・談合の源泉ともいえ、中世の贈与や宴会の在り方を考えることは現代の問題を考えるうえでも重要である。

旅籠振舞と客人歓待

客人歓待の一種に旅籠振舞《はたごぶるまい》と呼ばれる慣習があった。鎌倉幕府は弘長元《こうちょう》年（一二六一）に遠近《おちこち》の御家人《ごけにん》が鎌倉に参上した時、「旅籠振舞」と称して、宴会を行い引出物を贈るのは財産を貪《むさぼ》ることであり、無駄遣いなので禁止する法令を出している。この「旅籠振舞」とは何のことであろうか。また、宴会の主催者は参上した御家人なのだろうか、それとも参上した御家人を招いた鎌倉にいた御家人なのだろうか。

宴会の主催者は二通り考えられるが、旅籠振舞とは御家人が鎌倉に来た時に催す宴会のことで、大枠では客人歓待の宴会である。誰もが知っているように、旅籠は近世では木賃《きちん》に比べて上級な宿屋を意味する。しかし、旅籠本来の意味は旅の時に使うものを入れる籠のことであり、旅籠を運ぶ馬を旅籠馬と呼ぶ。旅の途中で何か食べたくなった時は、旅籠馬に積んだ旅籠から食物を出して食事を済ましていた（『宇治拾遺物語《うじしゅういものがたり》』）。そして、旅が終わった際には余った旅籠の食物を人々に饗応する宴会が行われ、それを旅籠振舞と呼んだと考えられている（『日本国語大辞典』）。

この点を確かめるために、『平治物語』にみえる旅籠振舞の用例を検討しよう。藤原経宗《ふじわらのつねむね》は平治元年（一一五九）の平治《へいじ》の乱に関与して、阿波《あわ》に流罪に処せられたが、応保《おうほう》二年（一一六二）に召し返され、二年後に右大臣に就任した。経宗は大臣就任祝いの大饗《だいきょう》を行おうとして、太政大臣藤原伊通《これみち》を主賓として招こうとしたが、伊通は「経宗が帰洛して、旅籠振舞をするそうだが、行かない」と述べたという。ここでは経宗が主催する大饗を旅籠振舞と称しているので、平安末期では旅籠振舞の主催者は旅をしてきた本人である。

この点から見て、先の鎌倉における旅籠振舞の主催者は鎌倉に参上した御家人と考えられる。鎌倉で旅籠振舞が流行した背景はいろいろな要素があろうが、一つは鎌倉と本領を御家人たちが頻繁に往復したため、必然的に旅籠振舞を行う機会が増加したことが挙げられよう。また、弘長元年の法令には、ほかにも過度の饗応や宴会を禁止した条項があり、鎌倉で宴会が盛んであった状況がうかがえる。こうした状況下で旅籠振舞もより盛んになったのだろう。

だが、平安時代には次のような用法もある。『かげろう日記』では作者が初瀬《はせ》に行く途中で泉川を渡り、橋寺に泊まった際に「はたごどころ」から「切大根」（大根を切って干したもの）が出されている。この橋寺（泉橋寺）は泉川に懸けられている橋の近くにあり、作者を泊めていることから、宿泊施設としての意味を持ち、日常的に客人接待を行なっていたとみられる。「はたごどころ」とは旅籠所のことで、本来的には旅籠を下ろす場所を意味するが、この寺は旅人を接待する所なので、特に旅籠所と呼んでいたと考えられる。この旅籠所は旅人の食事の用意をするのであり、近世の旅籠と大枠では一致している。こうした用法が次第に広まり、近世には宿屋を旅籠と呼ぶようになったと考えられる。

旅籠振舞は用例自体はそれほど多いわけではないが、戦国時代に到るまでみられる。文《ぶん》禄《ろく》二年（一五九三）に上代城主《かじろ》（千葉県香取市）松平家忠《まつだいらいえただ》は鹿島神社に参詣した帰りに、上代衆から「酒むかいのはたこふる舞」を受けている（『家忠日記』）。これは社寺参詣の帰りに行われているので、宴会の主催者は旅から帰る人を迎える側になっている。後で詳しく述べるように、室町時代になると坂迎えは社寺参詣から帰ってきた人を迎える宴会という意味で使われるようになっており、それゆえこの場合も「酒むかいのはたこふる舞」と表現されているのである。この言葉は本来的には主催者が逆である坂迎えと旅籠振舞が混同されていたことを物語る。こうした混同も近世の旅籠が成立した背景になっていると考えられる。近世の旅籠は食事が出されるが、これは宿泊費を支払っているとはいえ、宿の主人が泊まり客を振る舞うことであり、客人を接待するという点では旅籠振舞の本来的な意味にのっとっている。

室町期の荘園における接待

招かれざる客

室町時代になると荘園領主の代官や使者とは別に、守護の関係者など武士が荘園を訪れる機会が増え、彼らへの対応が問題となった。この時代には守護や国人《こくじん》の影響力が増し、荘園領主は自己の荘園の維持が困難となり、守護や国人が年貢を請負うことも多くなった。また、荘園支配が行われず、武士の支配下に属した荘園も多い。守護が荘園へ影響力を及ぼすための契機となったのは、段銭《たんせん》・棟別銭《むなべつせん》の賦課であった。段銭や棟別銭は京にある御所や寺社の造営、伊勢神宮の造営費用、天皇の即位費用などの名目で賦課されるもので、徴収責任者は各国の守護であった。また、守護が独自に賦課する人夫役や兵粮・段銭も存在し、なかでも人夫役の賦課が最も頻繁であり、これこそが荘園側にとって最大の問題であった。守護の使者は配符《はいふ》と呼ばれる賦課命令書を持参して荘園にやって来て、納入が終了するまで居座る行為を繰り返していた。これに対して、荘園側では早急に使者に引き取ってもらったうえで、幕府や守護に対して賦課された段銭や人夫役の免除工作を行うことが必要であった。

荘園側にとっては、まさに守護の使者は招かれざる客であった。こうした様子を詳しく知ることができる史料が残されているのが東寺《とうじ》領播磨《はりま》国矢野庄である。この荘園には室町時代から戦国初期にかけての年貢散用状《さんようじょう》がほぼ毎年残されている（『相生《あいおい》市史』）。年貢散用状は毎年の年貢の収納の内訳を詳細に記したもので、そこから国下用《くにげよう》という地元での必要経費を控除している。国下用の中心は守護から賦課されるさまざまな役に関するものであり、その内容をみることで、荘園が守護の使者にどのように対応したかがわかる。

守護の使者の接待

守護の使者は階層的に多様である。南北朝期の頃は正式な使者として両使《りょうし》が派遣されていた。室町時代の守護の職掌《しょくしょう》として使節遵《じゅん》行《ぎょう》があり、所領の引渡しなどに従事するが、その使節は両使とも呼ばれる二人の使者であった。たとえば、文和《ぶんな》二年（一三五三）の場合は備前《びぜん》国宝林寺の造営人夫の催促使節として、大塩兵衛二郎と妻鹿孫三郎の両使が矢野庄にやって来た。この時に矢野庄では彼らの接待費用の内訳を記した注文を作成していたので、接待の内容が判明する。

それによれば、実際には両使を含めて十人が来ていて、その飯米は夜と朝合わせて六升一合であり、単純に計算すると一人一回あたり約三合の飯であった。また、酒直《しゅじき》と雑事にそれぞれ五十文（米に換算すると六升八合五夕）を支出したとあるので、これらは銭で購入して提供したものである。酒は町場などではすでに売物になっており、矢野庄内には宿もあったので、そこで売られていたのだろう。雑事は先に述べた雑菜と同じ意味と思われ、購入した酒の肴《さかな》を意味しよう。さらに「二升馬カユ」とあるので、両使が乗ってきた馬には米の粥が与えられていたことがわかる。馬の飼料にはいろいろあるが、米の粥は馬にとって最高の食事であり、矢野庄側が気を使っていたことがわかる。

図3　力者（『春日権現霊験記』より）

守護の使者は三十人にも及ぶこともあり、その接待はたいへんな負担であった。また、力者《りきじゃ》と呼ばれる者のみが人夫役の賦課に来ることもあった。力者とは文字通り力がある者のことで、寺社・公家・武士に仕えて、運搬など力仕事や雑事に携わっていた。力者は絵巻物には髪を剃った姿で描かれ、主人の威光を笠に着て、無法な要求をすることもあり、その接待もたいへんな苦労があった。

使者への引出物の贈与

先に述べたように、両使は土地の引渡しのため現地に派遣されることが多かったが、矢野庄では南北朝期に重藤名を飽間斎藤光泰が押領《おうりょう》し、東寺との間で争いになっていた。東寺は足利尊氏《あしかがたかうじ》や義詮《よしあきら》に訴えて、押領を排除して土地を引き渡すことを命じた御教書《みぎょうしょ》を播磨守護赤松則祐《あかまつのりすけ》に出してもらい、則祐は守護代宇野頼季に施行状《しぎょうじょう》を出して、引渡しの執行を命じた。

しかし、守護代宇野はその命令に簡単に応じず、矢野庄は引渡しの使者派遣の催促のため、文和二年（一三五三）八月六日に宇野のもとに使者を派遣した。催促は一応効果があり、四日後には小屋衛門二郎が七人でやって来たため、矢野庄は酒や飯などを出し、小屋が乗ってきた馬には粥を与えた。また、年貢散用状によれば、小屋には引出物の代金として、七百五十文が計上されており、同額の銭が引出物として贈られたとみられる。だが、引渡し行為が不十分であったようであり、九月九日には守護則祐がいる兵庫嶋に、十二日には守護代のもとに再度使者を派遣し、引渡の遂行を求めた。そして、十六日に使者中寺左衛門四郎が従者を引き連れてやって来て、矢野庄側は同様の接待をし、引出物として七百五十文を贈った。引出物の額は七百五十文と一定しており、これが東寺側が定めた引出物の標準額であり、使者は滞在中の接待のみでなく、七百五十文の役得を得たのである。

引出物は南北朝期には引渡しの使者のみに贈られていたが、永和《えいわ》元年（一三七五）になると、催促の使者にも引出物が贈られるようになる。八月二十一日には守護代宇野氏から人夫の催促の使者が来て、接待を行い引出物を贈った。また、十二月九日には高麗《こうらい》人警固用の人夫催促の使者が来て、同じく引出物を贈っている。こうした人夫催促の使者への引出物の贈与は以後恒常化し、康暦《こうりゃく》二年（一三八〇）十月二十三日から二十五日まで、京上人夫催促のため力者二人が来て、接待を行い、引出物を贈るまでに至った。力者への引出物の贈与はその後も多くみられ、催促の使者もほとんどが力者になっていく。

さらに、応永《おうえい》二十七年（一四二〇）正月二十六日には力者が勧進猿楽《かんじんさるがく》の状を持参して、矢野庄に来て、「正月始なので、引出物を出せ」と述べたため、仕方なく引出物を与えている。勧進猿楽とは寺社造営資金の獲得のため、室町時代にはよくみられたもので、この状には勧進猿楽が行われるので、桟敷代《さじきだい》を出すように書かれていた。桟敷は猿楽見物の観覧席のことで、この場合は観覧料金として一貫文を支払っている。これはたいへんな高額であり、形式的には任意ではあるものの、実際には強制的な支払い要求であり、寺社への寄付を募るという勧進が強制に転化している状況がうかがえる。一方、力者には百文の引出物を与えているが、引渡しの使者よりは低額であり、これが力者への引出物の相場であったようである。力者は年始であることを理由に引出物を得ているが、これは年始に贈答が盛んに行われる慣習に便乗したものである。

ところで、これより少し後の正長《しょうちょう》元年（一四二八）の十二月二十七日には引渡しの使者島津加賀が来た際に、殿原《とのばら》・中間《ちゅうげん》に引出物を計三百文与えている。これ以降は散用状には力者の記述があまりみえず、代わって殿原・中間の記載がみられるようになる。殿原とは名字を持つ武士、一方の中間は名字を持たない従者のことで、近世には下級の武家奉公人を指すようになった。長禄《ちょうろく》元年（一四五七）二月九日には、山名宗全《やまなそうぜん》の中間が来て、礼銭三貫文を要求したが、矢野庄側では値切って、十月までの折紙《おりがみ》一貫文分を出した。この折紙とは十月までに一貫文を支払うと記したもので、中間は十月までにこの折紙を矢野庄側に提示して、銭を得ることになっていた。折紙とは現代の約束手形に似たもので、室町時代に乱発されていたが、支払いが行われず不渡りになることも多かった。この年には山名氏の中間がたびたびやって来ており、中間の活動が活発化したことがうかがえる。力者と中間は実態的にはさして変わらないが、次第に雑用を行う下級の従者が中間と呼ばれるようになり、戦国・近世になり定着したのだろう。

こうした事例からもともとは引渡しの使者、次に催促の使者、さらには力者や中間という身分的に低い者にまで、引出物の贈与相手が拡大していった傾向が判明する。力者は一ヵ所だけでなく、各地の荘園を廻って催促を行なったのであり、その先々で引出物を得て、蓄財が可能であった。あるいは得た銭を酒などに散財する場合もあろうが、いずれにせよ下級身分の者が銭を獲得できる機会が増大したことは銭や財の動きに変化を与え、社会の動向全体に影響を与えたとみられる。

賦課免除工作と引出物

南北朝期には戦いが繰り広げられていたため、毎年のように兵粮や築城のための人夫役が守護から賦課されていた。その後も応永・明徳の乱などがあり、中国地方の状況は安定していなかったため、同様の賦課は続いていた。こうした賦課を免除・軽減してもらうため、矢野庄は守護と交渉している。

文和三年（一三五四）には兵粮の免除のため、守護の奉行人上原・上村氏に引出物として八貫文を贈り、さらに両奉行人の雑掌《ざっしょう》に酒直として二貫二百文を贈っている。酒直とは酒代の名目としての引出物であり、その後も免除交渉の際には引出物の贈与が行われた。翌文和四年の場合は、「三分一兵粮免除沙汰秘計《ひけい》引出物」として四貫百二十文、「重藤十六名沙汰秘計料足」として四貫二百四十文が支出されている。秘計は室町時代によく使われた言葉で、さまざまな意味があるが、その中に任官・訴訟などの目的を遂げるため、密かに運動するという意味があり、この場合もそれにあたり、兵粮の免除や先に述べた重藤名の押領の排除を実現するために、引出物などを贈って、守護を動かすことを図ったのである。

この秘計は他郷との相論の場合にもみられ、貞治《じょうじ》二年（一三六三）には周世《すせ》郷との間で、用水取り入れの堰《せき》をめぐって相論が起き、赤松氏の奉行人雑掌に秘計として六百文が贈られている。これは訴訟を有利に運ぶ目的で行われたもので、現在でいえば賄賂にあたるが、当時は何かにつけて、引出物を贈らなければ、事が動かなかったのが現実であった。

また、同年には同庄上村番頭右馬允《うまのじょう》の件に関して、「力者秘計引物、酒直」として、二百文が贈られている。引物は引出物のことである。この件の原因は散用状には「横□事」とのみあり、肝心なところが読めず、事の詳細は明らかではないが、力者のみに秘計が行われている点から、右馬允が何らかの犯罪を行い、力者が召し捕ろうとしたのを目をつぶってもらおうとしたと考えられる。守護の権限として犯罪の取り締まりがあり、力者はその手先を担う存在であった。

一献分の贈与

秘計のための引出物の贈与は繰り返し行われたが、嘉慶《かきょう》二年（一三八八）には、城普請《ふしん》の人夫役免除のため、担当の奉行に「詫《わび》」として、「一献分《いっこんぶん》」を振る舞った。一献とはささやかな酒宴のことで、今でも「一献交える」のように使われる言葉である。散用状には「諸方此如《かくのごとし》」とあり、ほかの荘園も同様に一献分を振る舞ったことを示している。矢野庄の場合は「一献分」とあるが、一般的には一献料と呼び、室町時代に免除や訴訟で自己を有利にするために担当奉行に贈られた銭を指し、酒肴料《しゅこうりょう》とも呼ばれていた。この場合、振る舞ったとあるので、実際に酒食を振る舞ったようにみえるが、やはり銭が贈られたのだろう。

もちろん、実際に酒食を振る舞うこともあり、応永二十五年（一四一八）に赤松氏の一族石見殿（赤松肥前《ひぜん》守）が鷹狩の途中で、矢野庄の政所に押しかけたため、仕方なく一献を振る舞っている。この場合は実際に酒食が出され、それを一献を振る舞ったと称している。前年には赤松典厩《てんきゅう》が備前に下る途中で矢野庄の政所に寄り、茶を所望したので、一献を振舞っている。この時には樽・肴代が支出されているので、茶のみでなく、酒食も出されたことがわかる。茶は休憩の時に飲むものだが、矢野庄側としてはそれだけではすますことができなかったのであろう。

矢野庄の散用状ではじめて一献分の言葉が出現するのが、先の嘉慶二年分のものであり、この頃から一献分の言葉が使用され、定着していった。なおも引出物の贈与も行われているが、一献分の方が一般的となり、当時流行の言葉となったのである。そして、一献分の贈与は別の機会にも拡大していった。その典型が訪《とぶらい》である。

訪と一献

文和三年（一三五四）に赤松氏家臣佐渡入道が病気になり、訪として茶子《ちゃのこ》代《だい》三百五十文を贈っている。訪は「とぶらい」と読み、簡単にいえば見舞のことであり、何らかの不幸があった時に行われる慣習である。茶子とは茶を飲む時に食べる菓子や果物、転じて朝や昼に取る軽い食事を意味するが、この場合は病気見舞として贈られたものなので、薬としての意味が込められていたと考えられる。茶は栄西《えいさい》の『喫茶《きっさ》養生記《ようじょうき》』で知られているように、もともとは薬として飲まれたものなので、茶子自体にも同様の意味があり、病気見舞なので茶子代という名目で銭が贈られたのだろう。

散用状には「石見殿御他界御訪一献分」「守護代方大方殿他界之時、訪幷《ならび》奉行共ニ振舞」「守護代方子息円寂訪一献分」のような記載があり、守護代やその親族が亡くなった時に訪として一献分が贈られるのが一般的であった。また、「守護方家焼訪一献分」ともあり、火事見舞の一献分も贈られていた。応永十七年（一四一〇）に赤松氏重臣小川玄助の親が亡くなった際には、国中が皆やっているという理由で振舞をしている。この振舞は散用状で「訪一献分」とも表現されているので、一献分と同じことであり、酒食を振る舞ったわけではなく、銭を贈ったのであろう。これらの訪は決して強制ではないが、不幸の際には国内の人々が行うべき一種の義務的な見舞いと化し、もしやらなければ守護方の覚えが悪くなり、人夫役賦課の数が増えたり、訴訟の際に不利な扱いを受けることが予想され、それゆえ横並びの訪が行われたのだろう。守護は不幸の発生まで利用して、国内への影響力を強めていたのである。

室町幕府の年中行事と贈答

年中行事と節供

年中行事と贈答

室町幕府の将軍は京に在住することで、京在住の天皇・院・公家・寺社と日常的に交流し、密接な関係を結ぶにいたった。また、細川・斯《し》波《ば》・畠山《はたけやま》など有力守護大名や将軍に直属する奉公衆も在京していた。将軍は毎日のように寺社や武士の屋敷に御成《おなり》を行なって、酒食を振る舞われ、四代将軍足利義持《あしかがよしもち》はしばしば二日酔いになるほど大酒を飲んでいた。また、室町幕府ではさまざまな年中行事が催され、その度ごとに将軍にいろいろなものが献上されていた。

こうした年中行事や贈答・宴会の内容は、年中行事書や故実書《こじつしょ》、公家・僧侶・武士の日記によりわかる。室町後期に記された『殿中申次記』『年中恒例記』『年中定例記』『長禄二年以来申次記』は、室町幕府の年中行事を正月から大晦日まで順を追って、行事の内容やその場で行われる贈答を記したものである。ほかに鎌倉公方《くぼう》の年中行事を記した『殿中以下年中行事』（『成氏年中行事』）もあり、鎌倉府の実態もわかる。

また、日記に関しては、以下では主に『満済准后日記《まんさいじゆごうにっき》』『看聞《かんもん》日記』『北野社家日記《きたのしゃけにっき》』を使用する。『満済准后日記』は醍醐寺座主満済の日記で、応永《おうえい》十八年（一四一一）から永享《えいきょう》七年（一四三五）の間の分が残されている。満済は将軍護持僧《ごじそう》であり、足利義持・義教《よしのり》から信頼を受けていた人物である。『看聞日記』は貞成《さだふさ》親王の日記で、応永二十三年（一四一六）から文安《ぶんあん》五年（一四四八）の間の分が残されている。貞成親王は崇光《すこう》天皇の孫、伏見宮の当主で、子彦仁《ひこひと》親王が称光《しょうこう》天皇の後を受けて、正長《しょうちょう》元年（一四二八）七月に即位している。『北野社家日記』は北野天満宮の祠官《しかん》松梅院が代々記したもので、宝徳《ほうとく》元年（一四四九）から寛永《かんえい》四年（一六二七）の間の分が残されているが、以下では主として室町後期に松梅院禅予《ぜんよ》が記した部分を使用する。この時期の将軍は義政・義尚・義材《よしき》（後の義稙《よしたね》）・義澄で、応仁《おうにん》・文明《ぶんめい》の乱や明応《めいおう》の政変など戦乱が続いた時代である。

正月行事と贈答

年中行事書では正月の記事が多く、正月が年中行事において最も重要であったことを示している。その内容を概観していこう。元旦から四日まで公家、大名、幕府直属の御供衆《おともしゅう》・申次《もうしつぎ》・番頭《ばんとう》・番方《ばんかた》が出仕して、将軍と対面する。献上品は主に太刀で、練貫《ねりぬき》を拝領する。練貫とは生糸を縦糸、練糸《ねりいと》を横糸（緯《ぬき》）として織った絹織物のことである。練糸は生糸の膠質《こうしつ》（セリシン）を除去して、光沢と手触りを出した糸であり、練貫は高級絹織物であった。五日以降も武士の出仕は続き、多くの太刀が献上されている。太刀はいうまでもなく武家のトップである将軍に対する献上品としてふさわしいものである。

ほかの献上品としては、正月であるため祝儀的な意味が濃厚な物が目立つ。『殿中申次記』や『年中定例記』によれば、六日に松尾社から若菜が献上されている。若菜とは新春に萌え出る草を指し、七草（七種）とも呼ぶが、七草の種類は各種の史料や時代・地域によって異なり、一定していない。『枕草子《まくらのそうし》』では六日に若菜摘みを行なったとする記述がある。『看聞日記』には「人日吉兆、幸甚々々、七種以下祝着如例、供歯固《はがため》如例、白馬《あおうま》節会《せちえ》」、「若菜祝着如例、白馬節会」とあり、自邸で七種の若菜を食べる行事が行われていた。『北野社家日記』では社領の丹波《たんば》国船井庄から六日に若菜・円鏡《まるかがみ》・花平餅《はなびらもち》が献上されており、七日に若菜を食する慣習は各地に広まっていた。

『年中定例記』には七日に「内々の御祝の次に七草の御みそうづ参、御こはくごも同前」、『年中恒例記』には「御みそうつ御土器《かわらけ》に入て参、大草《おおくさ》調進之」とある。「みそうづ」とは味噌水のことで、味噌を入れた雑炊を意味し、七草が入れられていた。土器は「かわらけ」と読み、赤褐色の素焼きの陶器で、酒宴の際には酒を入れる容器として使用され、各地の中世遺跡で大量に発掘されている。この場合は七草粥が特別な意味を持つので、土器に入れられて、将軍に出されたものと思われる。ちなみに、大草とは足利氏の直臣のれっきとした武士であるが、同時に幕府の料理人を務めていた家である。この七草は松尾神社から献上されたものだが、松尾社が若菜を献上していた理由は不明である。松尾社は嵐《あらし》山《やま》にあり、酒の神として有名な神社なので、それと何らかの関係があるのかもしれない。

この日には田楽《でんがく》や千秋万歳《せんずまんざい》のような芸能者が来て、芸を披露している。また、外郎《ういろう》が薬を献上しているのも注目される。外郎とは陳外郎のことで、元《げん》の医師陳順祖が室町初期に来日し、子宗寿は足利義満に招かれ上洛し、幕府の医師を務め、子孫は外郎を名乗っていた。薬の献上は将軍の健康を祝う目的があり、若菜も若さを保つ意味があったと思われる。このように、七日は人日《じんじつ》と呼ばれ、元旦に継ぐ特別な日として、さまざまな行事が行われていたのである。

五節供と贈答

年中行事の中でも重要な五節供《ごせっく》は元旦・三月三日（上巳《じょうし》）・五月五日（端午《たんご》）・七月七日（七夕）・九月九日（重陽《ちょうよう》）を指し、重陽を除いて、現代でも特別な日として意識され、民俗行事が行われている。近世には一月七日を五節供の一つとして、現代につながる五節供が確立した。もともと節とは時間や季節の変わり目を意味し、中国の暦の二十四節気《にじゅうしせっき》が日本にも導入され、多くの影響を与えた。節がつく

図4　鶏合（『洛中洛外図屏風』より）

言葉で今でも一般的なものには、五節供以外に節分やお節料理・節季がある。この節の時に年中行事が行われ、多くの献上がなされるが、その行事や献上品の内容はいかなるもので、どのような意味があったのだろうか。

上巳の節供は現在は桃の節供と呼ばれ、雛祭りが代表的なものだが、両書によれば鶏合《とりあわせ》が行われ、御牛飼が鶏を合わせ、将軍から太刀が下されることになっていた。鶏合は鶏同士を争わせる遊びで、『年中行事絵巻』にも描かれ、古代から朝廷でも行われていたことで知られる。室町時代には京の市民の間でも行われ、『洛中洛外図《らくちゅうらくがいず》屏風』にも描かれている。御牛飼は将軍に仕えていた者だが、鶏合に関与する理由は不明である。とはいえ、何らかの意味があると考えられ、ともに十二支の動物である点は共通する。

端午の節供

端午の節供は現在では鯉のぼり、菖蒲《しょうぶ》湯に入るのが代表的なものである。『殿中申次記』や『年中恒例記』では五月四日に檜皮師《ひわだし》が御殿に菖蒲を葺《ふ》き、根菖蒲を細川陸奥守が献上している。端午の当日は湯に菖蒲と蓬《よもぎ》を入れて献上し、その後将軍は伊勢家に御成して入浴する。また、伊勢・赤松・有馬・真木島氏は粽《ちまき》を献上し、天皇は薬玉《くすだま》を贈っている。粽は餅米や粳米《うるちまい》の粉を笹や真菰《まこも》で巻いて、円錐形にして固め、藺草《いぐさ》で巻いて蒸したもので、現在では端午の節供のお菓子として食されている。

粽は北野天満宮が日野富子《ひのとみこ》やその中次高倉局、南御所（足利義教娘）など足利氏関係の女性、公家や武士などに贈っている。延徳《えんとく》三年（一四九一）の場合は百十三連を贈り、二十五連を天満宮に仕える人々や職人（檜物師《ひものし》・大工）、さらに河原者に下賜《かし》している。

薬玉は現在では運動会や式典で使用されるが、本来は古代以来の朝廷の年中行事で、邪気を祓《はら》うために、麝香《じゃこう》などの香料を錦の袋に入れ、造花や蓬・菖蒲などで飾り、五色の糸をたらしたものである。天皇が贈っているのは古代以来の朝廷で行われていた伝統による。『看聞日記』では前日の四日に菖蒲を葺き、薬玉を義持や義教に贈っている。この点は『殿中申次記』と一致している。翌五日には必ず風呂に入っている。日記には単に「入風呂」と書いてあるだけだが、やはり菖蒲や蓬を入れて入浴したのだろう。

七夕の節供

七夕は現在では七夕飾りに願いを記した短冊をつけるのが一般的な行事である。『殿中申次記』『年中恒例記』では七月六日に硯《すずり》と筆、七夕当日は草花が献上され、立阿《りゅうあ》が花瓶に立てている。『殿中申次記』では草花の大半は仙翁花《せんのうげ》で、細川・真木島《まきしま》・蔭涼軒《いんりょうけん》・三条氏が贈っている。仙翁花は中国原産で、鑑賞用に植えられ、夏から秋にかけて深紅色の花が咲く。真木島氏が端午と七夕の節供の際に、ともに献上を行なっているのには何らかの理由があると思われる。真木島（槙嶋）氏は幕府の奉公衆で、宇治の槙嶋惣官《そうかん》を務め、宇治周辺の川を生活の根拠としている人々（贄人《にえびと》）を統括していたと推測されている。惣官とはある集団を統括するトップの地位のことで、真木島氏は奉公衆とは別の顔を持ち、それが節供の献上と関係していたと考えられるが、粽や仙翁花との関係は明らかではない。

『看聞日記』には七夕の日に行われた事が詳しく書かれている。この日には七夕法楽《ほうらく》が行われ、交際のある人々から、多数の花を生けた花瓶が贈られて、飾り立てられていた。花瓶は胡銅《こどう》製が多く、ほかに金銅製などがある。胡銅とは青銅を意味し、これに花を生けるのが一般的であり、下には盆が敷かれていた。一般に花瓶は青磁《せいじ》のものがイメージしやすく、実際、観応《かんのう》二年（一三五一）に描かれた『慕帰絵詞《ぼきえことば》』では、青磁の花瓶に花が生けられているシーンがある。だが、貞治《じょうじ》二年（一三六三）に作成された鎌倉の円覚寺仏日庵公物目録には、観音堂分として「青銅花瓶・香呂一対」「古銅花瓶一対・同香呂二」とあるように、この時期には青磁と胡銅の花瓶が両方併存して使用されていた（円覚寺文書）。『看聞日記』では胡銅製がほとんどであったのは、単なる好みや流行なのか、あるいは胡銅の方が高級品であったためかは明らかではない。

図5　青磁の花瓶に生けられた花（『慕帰絵詞』より）

飾る場所は会所《かいしょ》で、屛風を置き、唐絵《からえ》を五幅《ふく》懸け、棚を立てて、そこに花瓶を置いていた。そして、三献《さんこん》の宴会を行い、和歌や管弦を行なっている。法楽とは神仏に和歌・連歌・奏楽を奉納して、楽しませることであり、この七夕も本来は神仏に奉納するためのものであったが、遊戯的なものになっており、日記の書きぶりからも楽しそうな様子がうかがえる。こうした動向が発展して、いわゆる立花《りっか》が確立し、現代の生け花につながっている。

当日には七枚の梶の葉に和歌を書き、硯の蓋に梶の葉七枚・梶皮・素麺を入れて、竹に付けて屋根に上げることも行われている。『殿中中次記』では六日に硯と筆が献上されているのは、これに使うためである。『看聞日記』には「梶葉を書く、例の如し」とあるので、貞成親王も同様のことを行なっていた。

重陽の節供

重陽の節供は現代では忘れられているが、江戸時代までは重要な行事であった。古くは天武《てんむ》天皇の時に、この日に菊花宴が行われ、平安時代には八日に綿を菊花にかぶせ、露に濡れた綿で、九日の朝に肌を拭うと老を捨てるといわれ、贈り物にしている（山中裕『平安朝の年中行事』）。『吾妻鏡《あずまかがみ》』宝治《ほうじ》元年（一二四七）九月九日条によれば、将軍藤原頼嗣《よりつぐ》は諸人に菊を献じ、一首の和歌を副《そ》えるように命じ、菊を御所の北面の庭に植えている。これが『吾妻鏡』における重陽の節供に関わる記事の初見であり、頼嗣は藤原氏出身なので、京の公家社会の風習がこれを契機に幕府に持ち込まれたと考えられる。

室町幕府における重陽の節供の成立過程は明らかではないが、『年中恒例記』には祝い酒に菊の花を入れるとある。また、この朝から粥に焼栗九と昆布九切を入れ、以後百日間出すともあり、重陽の節供が行われていた。祝儀の品である栗や昆布を九つ入れるのは、もちろん九月九日にちなんでのことである。平安時代には子供が生まれてから百日目に百《もも》日《か》の祝いを行い、その日には餅を子供に与えて含ませる慣習があり、百という数字にも祝儀的な意味がある。重陽は菊の節供とも呼ばれるが、『年中恒例記』では前日に菊を庭に植え、夜に菊に五色の綿をかぶせるとある。

八瀬童子と献上

この日には八瀬童子《やせのどうじ》が餅一籠と柿を献上し、太刀を下賜されている。また、上巳《じょうし》の節供で八瀬童子は栗と土老《ところ》を献上し、同じく太刀を下賜されている。そして、次に述べる亥子《いのこ》の節供には餅と栗一籠を献上している。この八瀬童子は何者で、こうした将軍への献上とどのように結びつくのだろうか。八瀬童子は京の北方の八瀬村に住む住人の呼び名で、髪を長くして結ぶ子供のような外見をしていることが近世から注目を集めていた。平安時代には青蓮院門跡《しょうれんいんもんぜき》領で、寛治《かんじ》六年（一〇九二）の文書では「八瀬刀禰《とね》乙犬丸」と名乗っているので、これ以前から童《わらわ》の姿をしていたことがわかる。近世には八瀬村は禁裏《きんり》領となり、朝廷へ奉仕を行う代償として年貢・諸役を免除されていた。また、明治・大正天皇の柩《ひつぎ》を担ぎ、昭和天皇の葬列にも参加したことでも知られる。

八瀬童子が現在所有している文書の中で、最古のものは建武《けんむ》三年（一三三六）の後醍醐《ごだいご》天皇綸旨《りんじ》で、年貢や公事などを免除している。一方、明応《めいおう》元年（一四九二）の後土御門《ごつちみかど》天皇綸旨では、御厨子所《みずしどころ》高橋定吉の免除状を根拠に、諸公事と栗柿課役を免除している。御厨子所とは天皇の食事を作る役所で、高橋氏はその料理人であった。綸旨の前提として高橋氏の免除状があったことは八瀬童子が天皇の食事の材料を献上していたことを示し、その主たるものは栗と柿であった。八瀬童子は普段は京に出向いて、栗や柿などを売ることを生業としており、天皇に献上を行うことで、営業税を免除されていたことになる。

将軍に対する献上品は栗・柿・土老・餅で、栗・柿は綸旨に出てくるものと同じである。栗は殻と渋皮を取った搗栗《かちぐり》として食され、中世には各地の荘園から公事として上納されていた。搗栗は古代以来祝儀の品として好まれ、『年中恒例記』によれば、正月の最初の五日間には正式な食事である式三献《しきさんこん》の前に、搗栗・鮑《あわび》・昆布が将軍に献上されていた。栗と柿は各種の史料では、しばしば栗柿のように並列して記され、秋に採れる果樹の代表的なものであった。実のなる木は多くあるが、荘園の検注において本数が把握されるのは栗と柿のみであった。これは両者が特別な存在であったことを示し、その源泉は祝儀性にあると思われる。八瀬村には栗や柿の木が多く生えていて、それから採れる栗と柿を京で売っていたのである。

一方、土老とは何であろうか。土老は野老《ところ》（鬼野老）とも呼ばれ、現在の植物名はオニトコロ（鬼野老）という。野老はヤマノイモ科のつる性多年草で、根を食料とするが、苦いために生では食べられない。しかし、中世の史料には多くみられ、よく食べられたのは確かで、飢饉の時には山野に入り、薯蕷（ヤマイモ）や野老を掘ることが行われており、緊急時に身近に採れる食べ物として重宝されていた。また、荘園の公事《くじ》として一般的なものである。中世には灰汁《あく》抜《ぬ》きをしたうえで、食べていたのだろう。野老は正月の飾り（蓬《ほう》萊《らい》飾り）に搗栗・串柿・蜜柑《みかん》・海老などとともに置かれるが、それにはひげ根のついた根茎を老人の髭になぞらえ、長寿を祝うという意味があると考えられている。

餅はいうまでもなく正月など特別な時に食べる祝儀の品であり、八瀬童子が献上しているものはすべて祝儀性が濃厚である。子供姿という特別な外見をしている彼ら自身も祝儀性を体現していて、それゆえ選ばれて将軍に献上するようになったと考えられる。八瀬童子は従来天皇との関係のみに目が向けられていたが、将軍と関係を持った点にも注目する必要がある。将軍と関係を持った契機は不明だが、こうした点を含め、八瀬童子の献上行為の意味を考えるべきであろう。

亥子餅の献上

亥子と亥子餅

十月中に行われる亥子《いのこ》も重要な行事であった。亥子は十月の亥の日に行われる行事で、亥子餅と呼ばれる餅を贈答して、それを食する習慣があった。その史料上の初見は『政事要略《せいじようりやく》』（平安時代中期成立）で、内蔵寮《くらりよう》から餅が進上され、また大炊寮《おおいりよう》から支出された糯米《もちごめ》を使って、内膳司《ないぜんし》が餅を作っていたとある（山中裕『平安朝の年中行事』）。この行事は平安時代以後も朝廷や公家の間で行われ、亥子餅の贈答が盛んであった。亥子の行事の起源や目的に関しては二つの説があり、一つは亥子餅を食べて無病のまじないとする中国の習慣に基づくという説（『政事要略』）、もう一つは猪の多産を女性が羨み、この日に餅を贈答して祝い、子孫繁栄を祈願したという説がある。亥子餅は室町期の史料では「厳重」「御成切《おなりきり》」「つくつく」とも呼ばれている。厳重とは玄猪の音韻が変化したものと思われる。「つくつく」とは餅を杵で搗《つ》くことからそう呼ばれたもので、餅の脇には杵《きね》（なかほそ＝女房詞）が置かれていた。

室町幕府でも亥子の行事は盛んで、『殿中申次記』や『年中恒例記』などには行事の内容に関して詳しい記述があり、いかにこの行事が重要視されていたかがわかる。亥子の行事の概略は次のようなものである。まず武士たちが御前に出仕して、一人ずつ将軍からじきじきに亥子餅を頂いて退出する（じかにもらえない武士もある）。その餅をどうするかに関しては、①その場で食べて御前を退出する、②懐中に入れるなどの説があり、一定していない。また、在国していたり、出仕していない武士にも贈られることになっていた。実際、『親元《ちかもと》日記』では在国中の大内・土岐《とき》・六角《ろっかく》氏に「成切」が贈られていて、この点が裏づけられる。

また、天皇の使者として伝奏《てんそう》が亥子餅を持参し、将軍はそれを頂き、伝奏には将軍から亥子餅を与えられる。その後に公家や医師（上池院）が出仕し、同じくじきじきに亥子餅を頂戴する。餅は黒・赤・白・黄・青の五色で、ほかに五色の粉を添えることになっていた。そして、亥子餅は折敷《おしき》に載せたうえで、四方《しほう》と呼ばれる台に載せられた。このように、多数の人々に亥子餅が与えられることになっており、将軍が用意すべき餅はたいへんな数に上っていた。では、これらの餅はどのようにして用意されたのだろうか。

『年中恒例記』では亥子餅は御美女方から参るとある。美女は幕府に仕えていた女性で、元旦から六日までの重湯、正月四日の膏薬《こうやく》、六月の土用の粥・ニンニク、十二月二十七日の煤掃《すすはらい》の雑煮《ぞうに》など、特別な食べ物を調理して、将軍に差し上げる役割を果たしていた。亥子餅の場合は美女たちがみずから餅を搗いて作ったと思われる。亥子餅自体が先に述べたように多産に対する憧れを意味していれば、なおさら美女のような女性によって作られることが重要であったろう。美女たちが御所内の台所周辺で臼《うす》と杵を用意して、搗いていた姿が目に浮かぶようである。なお、室町・戦国時代の朝廷においては御所に仕える女性たちが、亥子餅を搗いていた様子が『お湯殿《ゆどの》の上《うえ》の日記』に記されている。『お湯殿の上の日記』とは清涼殿の御湯殿に出仕する女官が書いた日記で、亥子の行事に関しても記述がある。ところで、大量の亥子餅を作るには多くの糯米が必要であり、ほかに折敷などさまざまな経費がかかるが、その費用はどのようにして捻出されていたのだろうか。

亥子餅の費用の捻出

亥子餅を作るのは美女だが、『親元日記』には亥子餅を将軍などに調進したとあるので（寛正《かんしょう》六年〈一四六五〉十月一日条など）、差配をしていたのは政所《まんどころ》執事伊勢氏であった。伊勢氏は後でも述べるように、ほかの年中行事において重要な役割を果たしていた。こうした行事にかかる費用は当然政所から支出されたが、その財源は土倉《どそう》・酒屋役であった。

明徳《めいとく》四年（一三九三）には「政所方年中行事」の費用六千貫は月別に洛中辺土の土倉・酒屋に賦課するが、寺社や公方臨時課役は免除すると定められた（室町幕府追加法一四八条）。これによれば、月五百貫が土倉や酒屋から徴収され、年中行事の費用に宛てられたことが判明する。しかし、文明《ぶんめい》十七年（一四八五）には「有縁之料簡《ゆうえんのりようけん》」をめぐらしたり、「権門之推挙《けんもんのすいきょ》」を得て、支払わない土倉・酒屋が多いため、臨時役がたびたび懸けられるようになったので、賦課対象の酒屋・土倉を糺明することが命じられた（室町幕府追加法二八八条）。この頃にはさまざまなコネクションを探り、有力者の口利きを得て、課役を免れる土倉や酒屋が多くなったため、年中行事の費用の徴収額が減少していたことがうかがえる。

そして、明応《めいおう》六年（一四九七）には「毎月臨時懸《かけ》」「盆料」「八朔《はっさく》料」「亥子料」「節季《せっき》料」を勝手に賦課しないで、先例のように注進してから賦課することが命じられた（室町幕府追加法三二三条）。この命令書は蜷川《にながわ》氏のもとに残されたものなので、実質的な賦課責任者が蜷川氏で、注進する先は主人である伊勢氏となる。この頃には徴収がさらに困難さを増し、蜷川氏による場当たり的な賦課が頻発しており、それにストップをかける目的がこの命令にあった。その臨時的賦課の中に、盆・八朔・亥子・節季という年中行事の名があり、これらの行事の費用がそのつど賦課されていたのである。この命令もその賦課自体を否定しているのではなく、伊勢氏に注進して許可を得るように述べているだけである。『年中恒例記』には「諸下行」（行事の費用）は「亥子かけ」といって、倉役を懸けるとあり、亥子料を土倉・酒屋に賦課していたことが裏づけられる。逆にいえば、土倉・酒屋によって、亥子など室町幕府の年中行事は行うことができたのである。

このように、亥子餅は土倉・酒屋に費用が賦課され、伊勢・蜷川氏の差配のもとで、幕府に仕える美女が作っていた。それが将軍から武士や公家などに直接下賜され、将軍の恩恵を示す機会ともなっていた。これだけ多数の人々が直接将軍からものをもらう機会はほかにはなく、亥子はその点でほかの年中行事と比べて特異な位置にあった。

善法寺による能勢餅の献上

さて、亥の日は多い時には月三回あり、『年中恒例記』などによれば、能勢《のせ》善法寺が三回の亥子に能勢餅三十合、八瀬童子は中の亥子に餅と栗一籠ずつ、宇治の辻の坊が柿餅三籠を将軍に献上していた。能勢善法寺とはいかなる存在で、なぜ能勢餅を献上したのだろうか。能勢とは摂津《せっつ》国内の郡名で、現在の大阪府北部にあたり、能勢妙見山《みょうけんさん》が有名である。同郡内には石清水八幡宮《いわしみずはちまんぐう》領木代《きしろ》庄（大阪府豊能《とよの》町）があり、八幡宮別当善法寺が支配していた。近世には同庄内の木代村と切畑村から朝廷に亥子餅を献上する慣習があり、明治初年まで続いていた。つまり、能勢餅は木代庄で作られ、同庄の領主である石清水八幡宮別当善法寺から幕府に献上されていたのである。

石清水八幡宮は平安時代から源氏の守り神とされ、鎌倉・室町幕府の崇敬が厚く、室町将軍はしばしば参詣している。また、正月十七日には善法寺は単独で出仕し、練貫《ねりぬき》を拝領するなど、幕府の年中行事の中でも特別な扱いを受けている。しかも、室町初期の善法寺通清の娘は足利義詮《よしあきら》の妻となり、義満を生んでいる（『尊卑分脈《そんぴぶんみゃく》』）。善法寺がいつから能勢餅を幕府に献上し始めたのかは不明だが、娘が義満を生んだことがその契機をなした可能性がある。先に述べたように、亥子餅は多産の象徴という認識があるが、出産後五十日後に五十《いか》の餅を赤子の口に含ませる慣習が平安時代から存在し、出産と餅は密接な関係がある。よって、善法寺による亥子餅の献上も義満出産を契機に開始されたのではないだろうか。

能勢餅献上の由緒

近世には能勢餅は幕府ではなく、朝廷に献上されていた。これにはどのような事情があったのだろうか。『摂津名所図会《せっつめいしょずえ》』には次のような朝廷への能勢餅献上の由緒書が記されている。神功皇后《じんぐうこうごう》が三韓を征し、皇太子（後の応神天皇《おうじん》）を供奉して凱旋《がいせん》した際、香坂王《かごさかのみこ》が皇后を滅ぼそうとした。皇后は能勢の山中に追われ、危機に陥った時、にわかに多くの猪が出てきて、ついに香坂王を食い殺した。その後、応神天皇の時から玄猪《げんちょ》の供御《くご》（亥子餅・能勢餅）を献上し、武烈《ぶれつ》天皇の時中絶し

図6　能勢餅の献上（『摂津名所図会』より）

たが、欽明《きんめい》天皇の時に再興した。弘安《こうあん》六年（一二八三）には八幡宮神領となり、善法寺が支配し、往古からの由緒により正応《しょうおう》三年（一二九〇）に供御領の田三百貫を与えられた。その後、天正《てんしょう》六年（一五七八）に織田信長の兵乱により中絶したが、後陽《ごよう》成《ぜい》天皇の文禄《ぶんろく》二年（一五九三）に再興し、今に到る。

この由緒は能勢餅献上の始原を神功皇后という古い時期に遡らせている。もちろんこれは史実ではありえないが、神功皇后の三韓征伐という武威に、猪突猛進という猪の攻撃的なイメージを結びつけて、亥子餅の主役である猪を始原の物語に取り込んだと考えられる。一方、弘安六年に八幡宮神領になったとしているが、承久《じょうきゅう》二年（一二二〇）十二月の石清水神官である善法寺祐清譲状に木代庄の領家職と預所職が挙げられており（鎌倉遺文二六九七号）、少なくとも鎌倉初期からこの地は八幡宮領であり、年は誤っている。とはいえ、弘安六年は弘安の役の二年後であり、八幡宮が元《げん》の撃退に活躍したという認識がこの年における神領化という由緒につながったのであろう。元の撃退は三韓征伐と位相的には同一であり、それゆえ八幡宮領化という事実をもとにして、元寇と結びつけた年代が設定されたと思われる。

さて、由緒では応神天皇以来、一貫として天皇に能勢餅を直接献上していたことになっている。だが、『お湯殿の上の日記』によれば、善法寺から能勢餅が献上されているので、木代庄の住人が直接天皇に献上していたわけではない。『お湯殿の上の日記』は文明九年（一四七七）から記述が始まるが、その年から善法寺による能勢餅の献上の記事があり、その後も継続している。献上が始まった時期は不明だが、幕府への献上が行われ始めたのと同時期と考えられる。

それでは、いつから天皇への直接の献上が開始されたのだろうか。天正六年（一五七八）に織田信長《おだのぶなが》の兵乱により中絶したとあるが、『お湯殿の上の日記』の天正八年十月三日条には、善法寺による知行に相違があって、能勢餅が献上されないとある。そして、同月二十七日条には今月の二度の亥子には能勢餅が献上されなかったが、今日は直って献上されたとある。さらに翌天正九年十月八日条には善法寺の知行が相違して能勢餅が献上されないとあり、その後も能勢餅の献上は行われていない。このように、三年ずれているものの、献上の中絶自体は事実である。

この中絶は次のような事情によるものと考えられる。中絶の端緒となった天正八年の四月、顕如《けんにょ》が大坂本願寺を立ち退き、抵抗を続けていた子教如《きょうにょ》もついに八月に立ち退いた。これにより、信長の畿内における支配権は強固なものとなり、これを受けて九月には播磨で検地が行われ、大和でも九・十月に国内に所領を持つ領主から所領の明細を差し出させた（いわゆる指出検地）。摂津でも同年に検地が行われたと推測されている（脇田修『織田政権の基礎構造』Ⅰ）。亥子の直前に木代庄でも検地が行われ、現地は混乱状態となり、上と中の亥子の能勢餅の献上ができず、混乱がおさまった下の亥子にはなんとか献上ができたのだろう。しかし、検地さらには大規模な知行替の結果、木代庄は信長により没収され、信長家臣の誰かに宛行《あてがわ》れたのだろう。その結果木代庄から善法寺への能勢餅の献上は途絶え、必然的に善法寺から天皇への献上も中絶したのである。

能勢餅献上の再興

由緒では文禄二年（一五九三）に再興したとしているが、『お湯殿の上の日記』慶長《けいちょう》三年（一五九八）十月七日条には「丹波《たんば》の能勢」を試みに長橋局《ながはしのつぼね》（女房の役職名）に命じて取り寄せた。そして、十一日条には能勢餅が久しく献上されないので、丹波へ尋ねたら、こしらえるとの返答があり、長橋局から百合《ひゃくごう》の献上を申しつけたとある。長橋局は勅使を直接従来から能勢餅を作っていた木代・切畑村に派遣して、献上再興の回答を得たのであろう。その結果、同日には百合が献上されて再興が実現した。よって、再興の年は文禄二年ではなく慶長三年が正しい。

また、同日条には能勢庄（旧木代庄のことカ）は島津龍伯《りゅうはく》（義久《よしひさ》）の知行になっていたとある。これ以前の天正十六年七月に、豊臣秀吉は義久に「在京賄料《まかないりょう》」として摂津・播磨で計一万石を与えているが、その中に木代・切畑村がある（島津家文書）。「在京賄料」とは有力大名に在京費用を援助する目的で、畿内周辺に知行地を与えたもので、徳川家康や上杉景勝にも与えられていたことが知られる。結局、天正十六年以来木代・切畑村は義久が知行していたのである。

こうした状況下で、朝廷からの働き掛けに村側が献上再興を受諾した理由は不明だが、善法寺を通して、室町将軍や天皇に能勢餅が献上されていたことは村人も知っていたはずである。すでにこの段階には八幡宮領ではなくなり、しかも室町幕府は滅亡していて、中世以来の献上先としては朝廷しか存在しない。献上先としては、新たな権威である豊臣秀吉や領主である島津義久もあるが、やはり中世以来の由緒があり、変わらぬ権威を持つ天皇がふさわしい。また、朝廷は村のみでなく、領主である島津氏に対しても働き掛けを行なったと思われ、島津氏としても天皇への献上に納得し、再興を許可したと考えられる。

こうして、この年から能勢餅が直接朝廷に献上されるようになり、それに基づいて先の由緒が創作されたのだろう。特に善法寺を通じての献上を最初から天皇へ直接献上していたかのように改変している点が重要である。また、『摂津名所図会』には元弘・建武・康安・応永の国宣があると記されているが、これも由緒を補強するために、作られたものであろう。では、近世を通じての献上行為は村人に何をもたらしたのだろうか。『摂津名所図会』には、献上の際には能勢餅を唐櫃《からひつ》に納め、錠には封印をし、注連《しめ》を張り、白幣《はくへい》を指し、毎年頂戴する御用の会符（幟《のぼり》）を立てる。また、運搬者は浄衣《じようえ》を着用、宰領《さいりよう》の役人は帯刀し、御紋（菊紋であろう）の提灯を照らし、亀山駅から公役の人足を動員するという。

注連や白幣は能勢餅が神への供物《くもつ》で、神聖なものであることを示すが、これは中世段階の善法寺への献上の際から行われていた慣習かもしれない。御用の幟や菊紋の提灯は天皇への献上品であることを示し、街道沿いの人々に朝廷への献上が行われていることを知らせた。また、宰領役人による帯刀は侍身分に準ずる存在であることを意味する。このような天皇権威をバックとした献上により、木代・切畑村は特権的な村であり、他村より上位にあるという意識を持ったと考えられる。近世における朝廷への献上行為が地域社会に何をもたらし、同時に天皇権威にいかなる影響を与えたかは今後も追究すべき課題である。

八朔の贈答

八朔の贈答と起源

室町時代にはさまざまな機会に贈答が行われたが、最も盛んであったのが八朔《はっさく》における贈答である。八朔とは八月一日のことで、この日を中心にあらゆる身分の人を巻き込んで贈答が行われていた。八朔の贈答については、従来から民俗学で注目され、八朔の起源や民俗行事の内容に考察が加えられてきた。室町時代の八朔の贈答に関しては、二木謙一氏の専論があり、八朔の起源、室町時代における変遷、江戸幕府における八朔儀礼の成立過程について、明らかにされているので（『中世武家儀礼の研究』）、この研究にもよりつつ、八朔の贈答に関して、概観していこう。

八朔の起源に関しては、従来から問題とされ、民俗学の研究では農村社会の風習が武家社会に広まったとするのが一般的である。八朔は憑《たのみ》とも呼ばれ、室町時代の史料でも「御憑」と記されていることが多い。憑は「頼み」が語源であることから、収穫期における労働力の提供（いわゆる結《ゆい》）を予約する目的でものを贈るとする説もある。ほかにも諸説あり、起源に関しては不明であるのが実情といえよう。

史料上の初見は『吾妻鏡《あずまかがみ》』宝治《ほうじ》元年（一二四七）八月一日条であり、恒例の贈物を禁止したうえで、将軍への進上も執権・連署を除いて禁止している。また、弘長《こうちょう》元年（一二六一）に、幕府は近年「八月一日贈事々」が行われているが、禁止すると命じている。これらの点から、八朔の贈答は宝治年間（一二四七—四九）以前から盛んになり、御家人から将軍への進上と同時に御家人同士でも贈答が行われていたことがわかる。その後、『花《はな》園《ぞの》天皇日記』の正和《しょうわ》二年（一三一三）八月一日条では、今日は贈答が盛んに行われているが、これは「近代之流例」と述べていて、鎌倉後期には京の公家社会でも盛んになっていた。

お返しの観念

『梅松論《ばいしょうろん》』には夢窓疎石《むそうそせき》が足利尊氏《あしかがたかうじ》を評して、物惜しみの気がなく、八月一日に贈られる数多くの進物もすべて人々に下賜《かし》したと書かれている。すでに尊氏の時に八朔の贈答が盛んで、しかも贈られたものが即座に下賜されていたのである。ものを贈られると、そのお返しをする義務があるという観念は現在でも強固に残っている。このお返しの観念は中世社会でもさまざまな局面で現れる。

たとえば、正安《しょうあん》二年（一三〇〇）に若狭《わかさ》国太良《たら》庄の預所《あずかりどころ》は百姓からの訴えに対して、正月に「節養《せちやしない》」をしたので、百姓は「報答」のために預所の水田を耕作するのは先例であると弁解している（東寺百合文書《とうじひゃくごうもんじょ》）。「節養」とは正月に食事を振る舞うことを意味すると思われ、それに対するお返しとして、預所所有の水田を耕作すべきという観念が存在した。こうしたお返しの観念を、同じ太良庄の百姓は建武《けんむ》元年（一三三四）の申状で次のように述べている。太良庄における所務の根本は、百姓が衰微している時は「農米」を下して、農業を行わせるのが先例なのに、今にいたっては「裁報の御意《ぎょい》」がなく、使者を下して夫役を責め取られるのは堪え難いと訴えている。困窮時には米を下賜し、それのお返しとして百姓は農業に励み、年貢を納入するというのが当時の観念であった。

この観念は年貢・公事《くじ》の意味を考えるうえでも重要だが、それが贈答の場で最もはっきり出ているのが八朔の贈答である。身分の上下がある場合の贈答は献上（進上）に対する下賜となり、これもお返しではあるが、そこには身分差が如実に現れている。一方、八朔の贈答は身分差自体は当然存在するが、贈答をお返しと表現することで、一種の対等の関係が生まれ、それが八朔の贈答が盛んになった一因ではないだろうか。こうした点を含め、八朔の贈答をさらに追究しよう。

満済と八朔の贈答

八朔では誰に何が贈られ、そのお返しは何であったのだろうか。『満済准后日記《まんさいじゅごう》』における八朔の贈答を六六ページ以降の表1に整理したので、これに基づいて検討しよう。満済の贈り先は将軍・天皇・院に限られていた。贈る日は正長《しょうちょう》元年（一四二八）八月一日条に、「御憑、鹿苑院殿《ろくおんいん》御時の如く、三ケ日進《まいらす》べくの分なり」とある。この年に義教が新たに将軍になり、八朔の贈答日が変更され、鹿苑院つまり義満の時のように、三日間贈ることになった。実際、これ以前の日記の記述では一日のみに贈答が行われており、義教になって変更されたのは事実である。

義満の時には三日間であったものを義持が一日に減らしたのは、義持が義満による日明《にちみん》貿易を止めたことに象徴されるように、父の時代の慣習への反発によるのかもしれない。また、義持の晩年にあたる応永《おうえい》二十七年（一四二〇）には八朔の贈答対象を縮小している（この点後述）。「室町殿進物停《ちょうじ》止の間、冷然《れいぜん》也」とあり、一時的ではあるものの、八朔の禁止を命じていて、義持は贈答行為を縮小しようとしていた。ところが、次に『看聞日《かんもん》記』に則して述べるように、義教の時代になると贈答が盛んになる傾向がみられ、その一つの現れが八朔の贈答の三日間への回帰といえよう。

贈答されるものは年によっても異なる場合があるが、大筋では一定している。義持や義教への献上品は八月一日は屏風と扇、二日は牛一頭、三日は盆・香合《こうごう》・茶碗・食籠《じきろう》などで、一・二日は毎年同じだが、三日は年によって異なる。天皇・院へは八月一日のみで、天皇へは繻子《しゅす》一端・銚子《ちょうし》提《ひさげ》・引合《ひきあわせ》（紙の一種）三十帖、院へは練貫《ねりぬき》五重・引合三十帖と一定している。お返しの品物は義持・義教の場合は一定していないが、盆・香合・食籠、金襴《きんらん》・段子《どんす》・練貫といった絹織物の組み合わせである。一方、院は牛一頭が恒例であり、天皇に関してはまったく記載がなく、お返しがなかったようである。いずれにせよ、いったん決まった贈答品は先例となり、後々まで受け継がれていく。

図７　満済画像（三宝院所蔵）

返礼日	返　　礼　　品	返礼の使者
8.1	5重・10帖	富樫大輔
8.3	牛1頭	
8.1		
8.1		
8.1		
8.1		
8.3	重宝	
8.3	盆(堆紅)・香籠・10帖	
8.3	花瓶(鍮石)・盆(銀)	
8.4	印籠・盆	
8.1	盆1枚・花瓶(茶)	
8.3	牛1頭	御牛飼
	盆1枚(堆紅)・金襴1段・練貫5重	
8.1	盆1枚(小・2重)・香合1(削紅)・引合10帖	
8.3	食籠(削紅)・段子3端・盆(桂漿地紅)	
8.1	銀盆1・香合1・10帖	

表１　『満済准后日記』における八朔の贈答

贈答年月日	贈 答 先	贈　答　品
応永20.8.1	義持	屏風・扇10本・(太刀1振)
同上？	院	不明
応永22.8.1	下御所(義持)	屏風１双・扇10本
同上	若公(義量)	２重・香合10帖
同上	内裏	氈１枚・銚子提・引合30帖
同上	仙洞	御服５重・30帖
応永23.8.1	義持	屏風・扇10本
同上	内裏	繻子１段・引合30帖・銚子提
同上	仙洞	御服５重・引合30帖
同上	宝池院から義持へ	香炉(茶・タスキ)・引合10帖
応永24.8.1？	義持	
応永25.8.1	義持	屏風□雙・扇10本
同上	内裏	繻子１段・引合30帖・□
同上	仙洞	５重・料紙30帖
同上	宝池院から義持へ	香呂(古)・盆(方)
応永31.8.1	御所(義量)	
応永33.8.1	義持	屏風１双・扇１裹・高檀紙１束
同上	内裏	羅１端・銚子提・引合30帖
同上	仙洞	練貫５重・引合30帖
正長1.8.1	義教	屏風１双・扇１裹
正長1.8.2(1晩)	義教	牛１頭
正長1.8.3	義教	盆１枚(堆紅)・香合(削紅)・水指１(茶)
正長1.8.1	宝池院から義教へ	食籠１・引合10帖

8.1	5重・盆・香合	
8.1	牛鞦1具(唐糸)	伊勢二郎衛門
8.1	牛	
8.3	盆1枚(堆紅・輪花)・金襴1端(黄)・練貫5重	
8.1		
8.1	牛1頭	
8.1	盆(蓮)・香合(堆紅・花三在之)・10帖	
8.3	盆1枚(堆紅)・金襴1端・5重	
8.1	牛1頭	

（表１つづき）

正長2.8.1	義教	屏風１双・扇１裹・高檀紙
正長2.8.2（1夕）	義教	牛
正長2.8.3	義教	盆１枚・金香合・茶碗１（ユリキ耳）
永享2.8.1	義教	屏風１双・扇１裹
永享2.8.2	義教	牛１頭
永享2.8.3	義教	盆（堆紅）・茶碗・水瓶（在台）・食籠など
永享3.8.1	義教	
同上　（2日分）	義教	牛１頭
永享3.8.3	義教	盆（桂漿・文孔雀）・段子１端（浅黄・文水）・北絹１端（浅黄）・唐綾１端（萌黄）・香呂（茶）・高檀紙１束
永享3.8.1	内裏	繻子１端（黒）・銚子提（打物）・引合30帖
同上	仙洞	練貫５重・引合30帖
永享4.8.1	義教	屏風１双・扇一裹・高檀紙
同上　（2日分）	義教	牛１頭
永享4.8.3	義教	盆１枚（桂漿）・水瓶（茶碗・在蓋）・食籠（削紅）
永享4.8.1	内裏	繻子１端・銚子提・引合30帖
同上	仙洞	練貫５重・引合30帖
永享5.8.1（2日分）	義教	牛１頭・牛衣

八朔の贈答品の特徴としては元《げん》や明《みん》からの輸入品が目立つ（表1参照）。中国からの輸入品は当時唐物《からもの》として珍重されていて、八朔の贈答品の多くも唐物である。金襴・段子・繻子は高級絹織物の代表的なもので、金襴は紙に金箔を貼り、細く切った金糸で模様を織りだした絹織物、段子は練糸《ねりいと》で織り、地が厚く光沢の多い絹織物、繻子は縦糸が表面に長く出るように織ったもので、やはり光沢が多い絹織物である。金襴は僧侶の袈裟《けさ》、ほかに屏風や掛軸・畳の表装として使われるので、醍醐寺の座主である満済にはふさわしい贈物である。金襴・段子は室町時代から近世初期にかけての贈答品として最も一般的なものであり、いかにもてはやされていたかがわかる。

贈答品としての唐物

金襴・段子は、日明・日元貿易を通じて日本にもたらされたものだが、ほかのルートも存在した。『満済准后日記』の永享《えいきょう》五年（一四三三）八月二十九日条には、「瑠玖国」（琉球国）の着岸物を払い下げるので、申し出るように幕府からいってきた。そこで満済は申請して、段子四端と繻子四端を四十貫文、沈香《じんこう》一俵（上品で三十斤入り）を三十貫文、沈香一俵（下品で二十斤入り）を十貫文で購入し、代金を土倉《どそう》で納銭方《のうせんかた》を務めていた籾井方に支払ったことが書かれている。つまり、琉球ルートでも唐物が流入しており、幕府は醍醐寺などに段子・繻子・香料を払い下げることで利益を得ていたのである。香料は寺院の法会で使用するものであり、寺院にとって必要不可欠なものであった。ちなみに、永享三年十月にも同様のことが行われており、満済は沈香一俵を十八貫文で購入している。盆・香合・食籠は日記には堆朱《ついしゅ》・削紅《さくこう》などの注記がついているので製法がわかる。堆朱は宋《そう》・元・明代に盛んであった漆《うるし》の技法で、木製の容器に厚く漆を塗り、それを削って模様を浮き彫りにしたものである。削紅は文字通り、朱の漆を削ったという意味であろう。有名な鎌倉彫は堆朱の手法を用いたものである。堆朱の国産化の開始時期に関しては、堆朱楊成《ようぜい》が延文《えんぶん》年間（一三五六―六一）に足利義詮の命で製作したという伝承と、文明《ぶんめい》年間（一四六九―八七）に京の門入《もんにゅう》が製作したという伝承があり、明らかではない（『日本史大事典』）。とはいえ、この時期の堆朱はやはり輸入品であろう。

先に七夕の花瓶に関する部分で触れた円覚寺仏日庵公物目録には、観応《かんのう》三年（一三五二）四月に足利尊氏が円覚寺に入御した時、引出物が足りなかったので、寒山《かんざん》・拾得《じっとく》図や牧谿《もっけい》の松猿絵、堆朱一対などを贈ったと記されている。また、円覚寺は所領尾張国富田庄を土岐氏一族に押領《おうりょう》されており、その「秘計」のため土岐頼康《ときよりやす》に堆朱などを贈っている。表1をみると、桂漿《けいしょう》の盆もよく贈答されているが、桂漿は朱・黄・黒を用いて、何色かの色を彫り出した漆器の一種である。これも公物目録に「桂漿一対」「桂漿薬合」とあり、鎌倉公方《くぼう》足利基氏に贈られている。

このように堆朱や桂漿は凝った作りの漆器として珍重されており、元・明から輸入されて、円覚寺のような禅宗寺院に多く集積されていたが、それが武士に贈られて、外部に流通することもあった。当時の禅宗僧は元や明に行った者も多く、帰国の際に唐物を持ち込んでいたと考えられる。禅宗寺院は中国的な雰囲気が溢れていた所であり、唐物で飾りたてられていたのである。足利氏をはじめとする武士たちも禅宗に帰依し、さまざまな機会において接触するうちに、堆朱などの漆器を獲得していたのである。

足利義持と八朔の贈答の縮小

『看聞日記』は『満済准后日記』と時期的に重なる日記で、義持・義教などとの八朔の贈答の記事が豊富である。七四ページ以降の表2に八朔における贈答を整理したので、これによってさらに八朔の贈答に検討を加えよう。『満済准后日記』の場合は基本的に八朔の贈答は三者に限られていたが、『看聞日記』はこの三者以外にもさまざまな人々と贈答を行なっていて、天皇家をはじめとする公家社会で、八朔の贈答が盛んであったことがよくわかる。

『看聞日記』の筆者貞成《さだふさ》親王にとって、最も重要であったのは、満済と同様に将軍・天皇・院に対する贈答である。そこで、まず、これら三者との贈答がどのようにして変化していったかを検討しよう。八朔に関する最初の記事は応永二十三年（一四一六）で、この時の将軍は義持《よしもち》、天皇は称光《しょうこう》天皇、院は後小松《ごこまつ》上皇である。日記では義持は室町殿、称光天皇は内裏、後小松上皇は仙洞と表現されている。八月一日に貞成親王は、後小松上皇に金銅燭台一対・銚子提《ちょうしひさげ》・引合三十帖、義持に燭台一対・銚子提・引合五十帖を贈っている。贈答品の内容は同じで、引合の数が異なるだけである。引合とは檀紙《だんし》の一種で、最上級レベルで贈答されているので、最高級品の紙である。満済の場合は称光天皇・後小松上皇に対して、しばしば引合三十帖を贈っており、貞成親王と同じ数になっている。これは天皇・院への引合の数に関しては、一般的な相場があり、それに基づいて贈答が行われていたことを示している。一方、満済が義持に対して紙を贈ったのは、応永三十三年のみで、その時は高檀紙一束である。同じ日記で引合と高檀紙が区別して記されているので、両者は別物となるが、ともに高級な紙であるのは確かである。

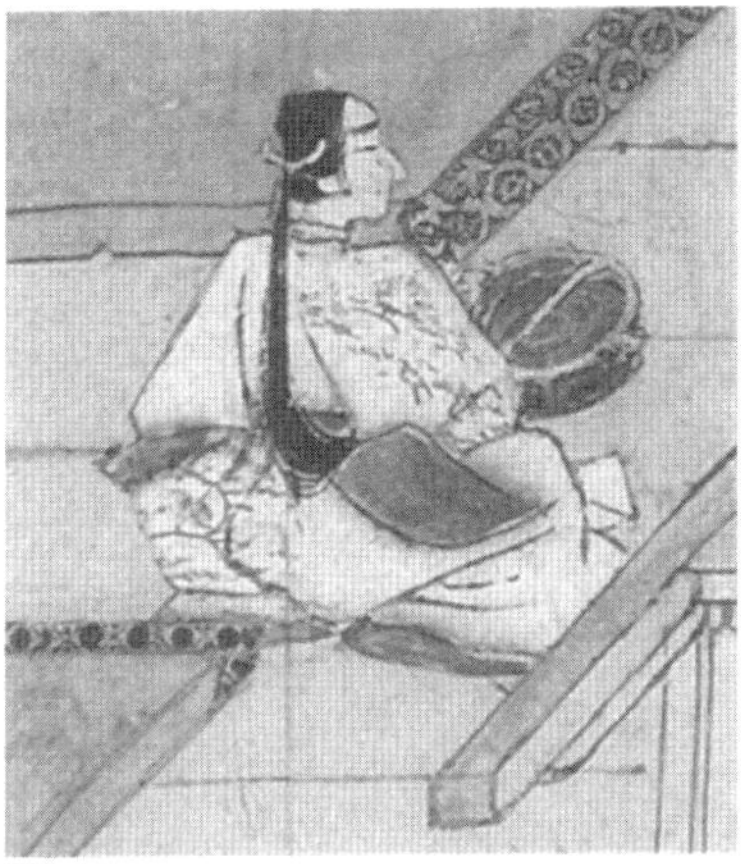

図8　銚子提（『慕帰絵詞』より）

貞成親王は称光天皇に対して、八朔の贈答を行なっていないが、その理由は不明である。これに対して、以後も義持・後小松上皇との贈答は継続し、応永二十五年には若公（義持の子義量《よしかず》）に対する贈答も始まる。贈答品の内容は、満済に比べると工芸品が多い傾向がある。銚子提は両者とも共通し、八朔の基本的な贈答品の

返礼日	返　礼　品	備　　考
8.1	練貫３重・太刀１振	
8.3	練貫３重・太刀１振(金伏輪)	
8.2	練貫３重・太刀１振(金伏輪)	
8.2	銀水瓶・卓(紫檀)・銚子提・引合10帖	女房に付けて当年初めて進む、初度御返共殊祝着
8.1	練貫３重・太刀１振(金伏輪)	
8.1	銀香筥・香台(紫檀)・銚子提・引合10帖	
8.9	去年・今年の分、重宝	
8.5	不明	

表2 『看聞日記』における八朔の贈答

贈答年月日	贈答先	贈答品
応永23.8.1	後小松上皇	金銅燭台1対(唐松枝打付)・銚子提・引合30帖
同上	義持	燭台1対(竹枝打付)・銚子提(桐打付)・引合50帖
応永24.8.1	後小松上皇	酒海1・銚子提(鶴亀打付)・引合30帖
同上	義持	茶碗・大鉢1・銚子提・引合50帖
応永25.8.1	後小松上皇	大鉢1(立石)・銚子提(小鳥打付・地文鳥籠)・引合30帖
同上	義持	酒海・銚子提・引合50帖
同上	若公(義量)	金銅盃・折敷・橘打枝・三種入銚子提・引合30帖
応永26.8.1	後小松上皇	茶碗・大香炉(立草花)・銚子提(松岩杓水等打付)・引合30帖
同上	義持	酒海・銚子提・引合50帖
同上	若公	胡銅三具足・銚子提・引合30帖
応永27.8.1	後小松上皇	蠟燭台1対(以竹枝飾之)・銚子提(地文蛛井蝶打付)・引合30帖
応永28.8.1	後小松上皇	茶碗大鉢1・茶碗花瓶1・引合30帖
応永29.8.1	後小松上皇	鶴頭1双(茶碗有文・蓋在之)・銚子提(地文稲葉雁打付)・引合30帖
応永30.8.1	後小松上皇	酒海1・銚子提(薪斧碁笥打付・地文碁盤)・引合30帖
応永31.8.1	後小松上皇	酒海・銚子提(地文竹雀打付)・引合30帖
応永32.8.1	後小松上皇	蠟燭台1対(菊枝1・紅葉枝1・金銅打付)・銚子提・引合30帖
永享2.8.1	後小松上皇	不明
同上	義教	不明

8.3	練貫３重・御馬(鹿毛)・太刀１	
8.3	練貫３重・銚子提・引合10帖	
8.3	練貫２重・銚子提・引合10帖	
8.3	練貫１重・引合10帖	
8.1	米子１段(黒)・銚子提・引合20帖	
8.4	練貫３重・引合10帖	
8.4	練貫１重・引合10帖	

（表2つづき）

永享 3.8.1	後小松上皇	不明
同上	後花園天皇	不明
同上	義教	不明
同上	南御方から 義教へ	不明
同上	南御方から 上臈局へ	不明
同上	南御方から 御乳人上臈へ	不明
永享 4.8.1	義教	蠟燭台1対（桐枝）・銚子提（菊枝打付・地文圍盤）・引合30帖
同上	上様 （義教正室）	不明
同上	後小松上皇	酒海1・蠟燭台1対（竹枝打付）・引合30帖
同上	後花園天皇	胡銅金水剜・茶碗・草花瓶・引合30帖
同上	上臈	瑠璃壺（入三種）・付松打枝敷薄様・銚子提・引合30帖
同上	南御方から 義教へ	不明
	御乳人から 義教へ	不明

一つであった。銚子提とは長い柄が付いた酒を入れる器で、徳利とはまったく異なる形をしている。絵巻物の酒宴の場面によく描かれていることからわかるように、酒宴には必須であり、この贈答も当然酒宴を意識してのものだろう。

応永二十六年までは両者との八朔の贈答は継続するが、翌応永二十七年、義持は突如として贈答を禁止した。とはいえ、すべてが禁止されたのではなく、御室（仁和寺《にんなじ》）・妙法院（天台宗山門派の門跡寺院）、義持の親族の門跡・摂関家、近習《きんじゅう》の公卿や殿上人《てんじょうびと》、一部の武家は許可された。貞成親王は代々贈ってきたのに禁止されたのは、不肖の身であり、遺恨なことであると憤慨している。

『満済准后日記』は応永二十六年から二十八年の間の八月一日の記事がないか、あるいは簡略なので八朔の贈答の有無は明らかではないが、二十九年以降も義持・称光天皇・後小松上皇三者と贈答をしているので、満済は八朔の贈答を許可された人の中に入っていることがわかる。満済は将軍の信頼厚い護持僧《ごじそう》であり、許可されたのは当然といえよう。結局、義持は自分と距離が近い人物のみに八朔の贈答を限定したのである。その真意や契機は残念ながら明らかではないが、鎌倉時代には奢侈《しゃし》禁令の一環として贈答や宴会の禁止令が出されることが多く、この禁令もそうした意図があった可能性はある。

将軍と天皇の代替

応永二十七年（一四二〇）以降も貞成親王と後小松上皇の贈答は継続する一方で、義持との贈答は行われていない。応永三十年三月に義持の子義量は五代将軍となるが、応永三十二年二月に死去してしまい、将軍が空位となったまま、義持が室町殿として政治を執る。しかし、その義持も応永三十五年正月十八日に死去し、後継者を指名しなかったため、死去直後に、あらかじめ前日に取っていた籤《くじ》を満済が開き、その子青蓮院義円《ぎえん》が将軍後継と決定した話は有名である。そして、三ヵ月後には長く続いた応永年号が正長に改元される。この改元は義持の死を払拭し、人心を一新しようとする意図によるものと思われるが、その直後には南朝の後裔小倉宮《おぐらのみや》の挙兵、正長の土一揆《つちいっき》が起こり、畿内は混乱状態に陥った。義教は翌年三月十五日に六代将軍となり、その半年後の九月に正長二年（一四二九）は永享元年に改元される。

一方、称光天皇も義持の死から半年後に死去し、貞成親王の子彦仁親王が正長元年七月二十八日に即位して、後花園天皇となる。度重なる改元は政治や社会の混迷を如実に示すものであり、新たな将軍・天皇は社会を安定させる義務を負ったのである。では新たな将軍と天皇の誕生は八朔の贈答にいかなる変化を与えたのだろうか。

義教による八朔復興

義教が将軍後継となった正長元年（一四二八）の八朔は、先に述べたように義満時代の三日間に戻された。翌年以降も満済は三日間にわたり、八朔の贈答を行なっている。一方、『看聞日記』は残念ながら正長元・二年の八月一日の記事が欠けていて、この二年間の変化は明らかではない。しかし、永享二年八月一日条には「室町殿進物《しんもつ》例の如し」とあり、それ以前にすでに室町殿への八朔の贈答は復活しており、義持の晩年に行われた八朔の縮小化も撤回されていたのである。これは明らかに義教の意志であり、一種の徳政ともいえよう。徳政の観念はもとに戻すという点に根本があり、八朔の贈答の義満時代への回帰ももとに戻すという意味で徳政に相当する。本来は贈答の抑制が徳政であったが、義教の行なったことは従来の徳政を逆転させたものであった。

そして、この八朔復興が引き金となり、その贈答はさらに拡大していく。翌永享三年（一四三一）八月一日には貞成親王の正室南御方が上様（義教正室日野重子《ひのしげこ》）や上臈局に、また親王家の御乳人《めのと》も上臈にはじめて進物を贈った。さらに、翌永享四年には貞成親王が上様に、南御方が義教にはじめて進物を贈っている。また、多くの公家が年を重ねるごとに、新たに貞成親王に進物を贈るようになった。もちろん、これは貞成親王が天皇の父となり、従来よりも天皇家内部での地位が向上したことが大きいが、天皇家と将軍家の女性同士の贈答をもたらしたのは義教による八朔復興であり、義持時代に比べると八朔の贈答機会ははるかに増大している。その後、永享九年には貞成親王による義教と上様への進物が三種から五種になり、量的にも増加していく。

しかも、八朔以外の機会にも貞成親王一家と義教一家の間でさまざまな贈答が行われている。次ページの表3に永享三年（一四三一）における貞成親王と義教間の贈答を整理したので、これに基づいて贈答の特徴を検討しよう。

初物の贈答

贈答が行われる日は不定期で、決まっていたわけではない。贈答品のほとんどは季節的なもので、初雁に象徴されるように初物《はつもの》である。五月十六日の五色《ごしき》に関しても、「初物なので、見参に入れます」と義教は述べている。五色は瓜のことで、一合《いちごう》から五十籠のごとく、後になるほど数が増加していく。合とは箱のことで、その中に瓜が入れられていた。一方、籠は竹などで編まれていたと思われる。現在でも果実類が贈答用に籠入りで売られていることがあるが、これも古くからの名残である。

近江瓜《おうみうり》は近江で採れた瓜を指し、最初は聊《いささか》（少し）で、次は五十籠とやはり数が増加している。当然ながら、初物の時は採れる数も少なく、次第に多く採れるようになり、最盛期に向かう。瓜の場合は七夕や盂蘭盆《うらぼん》（お盆）の頃が最盛期であり、両行事の際の供え物としてもよく使われる。九月十日の松茸や木練《こねり》（柿）も初物と思われ、やはりこの時期

表3　『看聞日記』における足利義教と貞成親王の贈答（永享3年）

贈答月日	贈答者	贈答先	贈答品
1.11	上臈局	南御方	鵠2・雉3番・捶10
3.5	南御方	上臈局	紫蕨3荷・鯉1喉
3.8	貞成親王	義教	鯉魚2
3.14	義教	貞成親王	鮒魚50
3.19	義教	貞成親王	蜜柑折1合
4.14	義教	貞成親王	蚊帳1(赤色)
5.16	義教	貞成親王	五色1合
6.2	義教	貞成親王	近江瓜聊
6.11	義教	貞成親王	5000疋
6.27	義教	貞成親王	五色50籠
6.29	貞成親王	義教	海松1合
7.10	義教	貞成親王	近江瓜50籠
8.17	義教	貞成親王	初雁1
9.10	義教	貞成親王	松茸折2合・木練籠10
10.14	義教	貞成親王	鵠1・蜜柑2籠
10.21	貞成親王	義教	蜜柑2合
10.22	御台御方	南御方	鵠1
12.3	南御方	新御台上臈局	1献
12.29	義教	貞成親王	美物7種

図9　瓜をもぐ下女（『信貴山縁起絵巻』より）

に採れ始める。鵠《くぐい》は白鳥のことで、この頃シベリアから飛来するので、それを捕獲したものである。このように義教は貞成親王に年間を通して、初物などを贈っているが、これも八朔の贈答の拡大と軌を一にする事態である。

八朔とお返し　八朔がほかの贈答と異なるのは原則として、必ずお返しが行われる点である。一例を挙げれば、永享二年（一四三〇）八月一日に貞成親王は義教に進物を贈ったが、五日の日記には「室町殿御返到来、祝着せしむ」とあり、義教のお返しがあったことがわかる。これに対して、先に述べた義教による季節品の贈与に対して貞成親王はお返しをせず、もらいっぱなしである。貞成親王はさまざまな人々と贈答を行い、八朔以外の機会にもお返しをしている場合もあるが、日記にはそれを「御返」とは書いていない。まさに「御返」は八朔特有のものといえ、いかに八朔と「御返」が密接に結びついていたかがわかる。この点は『満済准后日記』などほかの日記でもおおむね同じであり、一部の例外はあるものの、「御返」の記載は八朔に限定されている。

『看聞日記』をみると、貞成親王がいかにお返しの有無を気にかけていたかがわかる。永享四年の場合は、貞成親王は義教・上様（義教正室）・後小松上皇・称光天皇に贈り、南御方と御乳人は義教と上様に贈っている。また、若宮・南御方・春日・御乳人《めのと》など女性たちは称光天皇に贈っている。称光天皇からの貞成親王へのお返しは一日の夜に届いた。しかし、日記には宮御方（若宮と同一人物）や南御方へのお返しは届けられていないと記されている。

四日には義教からお返しとして、南御方に練貫三重・引合十帖、御乳人に練貫一重・引合十帖が届いた。だが、これ以外のお返しはなく、その日の日記には「上様より自分等いまだ到らずなり」とある。九日には称光天皇から南御方や御乳人へのお返しが届いている。このように自分へのお返しのみでなく、南御方などほかの女性に対するお返しの有無に関しても記載しており、お返しへの関心がいかに強かったかを示している。結局、この年は義教や上様からのお返しがなかった。このお返しはいったいどうなってしまったのだろうか。

翌年に貞成親王はいつもの通り、八朔の進物を贈った。すると、三日には義教からお返しとして馬二疋と太刀二振が届けられたが、実は二年分合わせたお返しであった。日記では「両年お返しいまだ到らず、よって両年の分これを賜う」と記している。実際、永享三年のお返しは馬一疋と太刀一振であり、確かに二年分のお返しになっている。また、上様からもお返しとして小袖六重と引合十帖が届けられた。これも同じく二年分であり、日記では「去年給わず、両年の分なり、祝着極まりなし」と述べている。お返しを義教や上様が忘れずにいて、届けてくれたことに感激している様子がうかがえる。

お返しは原則として、当日や三日・四日などが多いが、中には今述べたように二年分まとめて行われることもあった。ほかにも同様の事例があり、永享二年八月九日には後小松上皇から去年と今年の分のお返しが届き、「重宝済々拝領、祝着極まりなし」と述べ、喜びを現している。その年にお返しをせず、翌年にまとめて行なった理由は日記の記述からは明らかではないが、単純にお返しの品がなかったためと考えられる。八朔の時には多くの人に対して短期間にお返しを行い、しかも相手にふさわしい品物を選ぶ必要があった。八朔に限らず当時の贈答は贈られた物を別人に贈るという使い回しが一般的に行われていたが、品不足になる場合も当然ありえただろう。いずれにせよ、お返しをされなかったことやしなかったことは本人もしっかり記憶しており、翌年になってもお返しをし、届けられた方も忘れられていなかったと感激したのである。こうした強迫観念ともいうべきお返しの意識が八朔の贈答を盛んにした最大の理由であろう。

ところで、貞成親王のところにはお返しとして、練貫が多く贈られていたが、これらは八朔が一段落した後に、親王周辺の女性に下賜されるのが通例であった。高級絹織物である練貫は八朔の贈答を通して、より多くの人に出回り、最終的には彼女らによって着飾られて、華やかな雰囲気を演出したのである。これも八朔が与えた影響の一つであった。

美物の贈答と精進解

美物の贈答

先に検討した表3によれば、足利義教《あしかがよしのり》は十二月二十九日に貞成《さだふさ》親王へ美物《びぶつ》を贈っている。この美物とはいかなるものであろうか。美物とはおいしい食べ物のことで、一般に魚鳥類を指す。古くは『今昔物語集《こんじやくものがたりしゆう》』にも用例があるが、建武《けんむ》元年（一三三四）の二条河原落書には「為中《いなか》美物ニ、アキミチテ」とあり、地方産出の美物が京に氾濫している状況を風刺していると考えられる。『看聞《かんもん》日記』では、義教が貞成親王に美物を贈ったのは、永享《えいきよう》二年（一四三〇）四月二十九日が最初である。二日前に称光《しようこう》天皇の即位式があり、この美物の贈与は即位の祝儀の意味があった。

一方、永享二年以降、毎年大晦日に義教から美物が贈られるのが恒例となった。この日の日記には「除夜祝着これに過ぎるべからず、すなわち賞翫、明春吉事顕然なり」とあり、年を越すにあたって贈られたことを非常に喜んでいる。永享五年のみ正月四日に贈られているのは、除夜に贈るつもりのところが夜遅くなったため、延期したと使者が述べており、大晦日の夜が原則であった。常に夜に贈っているので、年越しの意味があったと考えられる。民俗事例では年越しの節といって、大晦日の晩に尾頭つきの魚をつけた正式な食事をするが（『日本年中行事辞典』）、この美物も年越しの節に添えるものといえよう。美物は永享五年から南御方へも贈られるようになり、先に述べた八朔《はっさく》と同様に次第に贈答の対象が広がっており、贈答の肥大化傾向がみられる。

日記には美物の目録が記されているので、表4にその内容を整理した。この目録は義教が贈る際に作成し、貞成親王に渡したものであろう。正式にものを贈る時には贈り物の内容を記した目録が作成されることが多い。永享二年の大晦日の場合は、鵠《くぐい》一・菱食《ひしくい》三・雁《かり》十、兎五・海老五籠・くるくる（来々）五十・大蟹十・雉子《きじ》十・海月《くらげ》五桶・牡蠣《かき》一折・捶《たる》（樽）二十となっている。捶を除けば計十種である。翌年の大晦日は七種であり、種類が減っている。永享二年は最初の贈答なので、特別に奮発したのだろうか。種類は鳥、魚、魚以外の水産物、兎に分類できる。

鳥は冬に飛来する鵠（白鳥）・雁・菱食と雉である。鵠・雁・菱食は戦国時代や近世においては鷹狩の主要な獲物で、広く贈答されていた。数の少ない方が希少価値があり、高

表4　歳末などにおける足利義教から貞成親王への美物の贈答

贈答年月日	美物の内容	備考
永享2.4.29	捶30・鯉3・鯛5・いるか1折・ます2・さはら3・鮒のすし(荒巻2)・あゆのすし5桶・酒ひて5桶・いはし1折・貝のあわ(ひ脱カ)1折・はい1折・さゝい1折・さいり1折	
永享2.12.30	くゝい1・ひしくい3・かん10・うさき5・ゑひ5籠・くるくる50・大かに10・雉10・くらけ5桶・かき1折・捶20	車1両
永享3.12.29	七種、目六在別紙	
永享5.1.4	菱食2・雁5・雉10番・鯛20・海老1折	除夜に進上する予定のもの
永享5.12.29	鵠1・菱食2・雁5・水鳥5・雉3番・兎3・鯉3喉・鯛3懸・鱈5喉	
同上	菱食1・雁3・雉5番・鯉2喉・鯛3懸・鱈5	南御方への美物

級なものなので、贈答品のランクとしては鵠・菱食・雁の順番になる。このランクづけは戦国時代や近世も同様であり、その源泉はこの時期に遡ることになる。

美物としての鳥と魚

雉子は古代においては天皇が禁野で行う狩猟の獲物であり、最も珍重されていた。雉子は番《つがい》という単位で贈られているが、番とは雄雌のつがいのことで、雉子を贈る時には木の枝につけて、つがいで贈るのが古来からの慣例であった。『徒然草《つれづれぐさ》』一一八段には、「雉さうなき物也」と雉子を最も良いものとし、雉子や松茸が御湯殿《おゆどの》の上《うえ》にあっても苦しくないと述べている。御湯殿とは朝廷の台所を意味し、要するに雉子や松茸は天皇の食事としてふさわしいとしているのである。また、同段では西園寺実兼《さいおんじさねかね》（元亨二年〈一三二二〉没）が中宮の御湯殿の棚の上に、雁が置いてあったのを見苦しいと述べた話も記している。結局、この段は鎌倉後期では雉が最上で、雁は下品と述べているが、義教が贈った美物の内容からみて、室町中期には雉と雁などの冬鳥には上下はなく、同じく美物として食されていた。一方、室町幕府の贈答の中では白鳥が最上とされ、次第に武家的観念による鳥の序列づけが浸透し、朝廷や公家社会でもそれを受容しつつ合ったと考えられる。

魚に関しては鯉・鯛・鱈《たら》が基本であり、鱈は冬の魚の代表として加えられたのだろう。鯉は古代以来最上の魚とされ、京のような内陸では入手しやすい魚としても重要であった。海の魚は京に来るまでに腐ってしまうため、一般に塩漬や干物で流通していたが、この場合は冬なので、速く運搬すれば生で食べるのは可能であったろう。また、くるくる（来々）とは鱈のはらわたのことで、珍重されていたことがわかる。魚以外には海豚《いるか》・海老・蟹・海月《くらげ》・栄螺《さざえ》・牡蠣・鮑《あわび》があり、いずれも室町・戦国時代の御成《おなり》の際の献立にみえる食品である。

永享二年四月のものは季節が異なるので、大晦日の美物とはかなり種類が異なり、鮎鮨《あゆずし》や鮒鮨《ふなずし》が特に目につく。鮎や鮒などの魚はすぐに腐ってしまうので、鮨にして保存するのが一般的であった。ところで、義教は貞成親王に贈った美物をどのようにして入手したのだろうか。

守護大名と美物

『年中恒例記』によれば、歳末に細川氏が美物と炭を献上している。さらに大晦日に諸家進上の美物目録を伊勢氏が将軍に披露するとある。『殿中申次記』には延徳《えんとく》三年（一四九一）大晦日に行われた目録の披露の順番が記されていて、一番が左衛門督《さえもんのかみ》（斯波義寛《しばよしひろ》カ）、二番が右京大夫《うきょうだいぶ》（細川政元《ほそかわまさもと》）、三番が尾張守《おわり》（畠山尚順《ひさのぶ》カ）、四番が一色氏、五番が讃岐守《さぬき》（細川義春カ）、六番が山名氏《やまな》、七番が赤松氏、八番が京極大膳大夫《だいぜんだいぶ》（京極政経カ）、九番が大内氏（大内政弘）、十番が京極治部少輔《じぶしょうゆう》となっている。まず、斯波・細川・畠山の三管領《さんかんれい》、次に一色・山名・赤松・京極氏の四職《しき》と阿波守《あわ》護細川氏、最後に大内氏と室町幕府を支えた守護大名が名を連ねている。これら十の家が幕府内部では高い家格を誇り、美物を献上していたのである。

正月五日には吉良《きら》・渋川・石橋・仁木《にき》・関東衆が出仕し、吉良氏は美物五種を献上している。吉良・渋川・仁木は足利氏一門であるが、その中でも吉良氏のみが美物献上を行なっているのは、一門の中で最も高い家格と認められていたためであろう。また、『年中恒例記』によれば、二月七日と十二月一日に畠山氏が美物・御樽を進上することになっていた。いうまでもなく、畠山氏は管領を務める家である。このように、美物献上は高い家格を持つ家によって行われるもので、献上する家にとっては負担ではあるが、同時に名誉として受けとめられていたと思われる。それゆえ、選りすぐりの美物を用意し、品目を目録に書き連ね、恭《うやうや》しく将軍に美物を差し出したのである。つまり、義教が貞成親王に贈った美物は大名により献上されたものを流用していたことになる。とすれば、先にみた義教が貞成親王に贈った多様な品も同じく大名からの献上品の流用となろう。

さて、こうした美物は守護たちが国から運ばせる場合、京などで購入する場合があったと考えられる。先に「客人の接待と贈答」の章で取り上げた矢野庄関係の史料によれば、赤松氏は実際に国から美物を運ばせていた。永享二年十二月二日に「上様御成美物持京上夫」を催促する使者が矢野庄を訪れ、その後人夫を差し出している。上様とは義教を指し、この美物は赤松氏の屋敷に御成する義教を饗応するためのもので、それを運ぶ人夫が播磨国内の荘園に賦課されていたのである。『満済准后日記《まんさいじゅごう》』では、翌年正月二十日に猿楽《さるがく》が行われた後に赤松亭への御成があった。この二十日の赤松亭への御成は、同日記によれば毎年恒例になっている。御成の宴会で出す美物は新鮮なものが要求されるため、時間が経過するのは好ましくないので、十二月二日の催促では正月二十日まで日数がありすぎる。よって、十二月の下旬頃にも赤松亭への御成があったと考えられるが、同日記にはその記

図10　美物を運ぶ人夫（『粉河寺縁起』より）

述はない。

また、永享三年二月二十日にも年始に京へ美物を運ぶ人夫（美物持人夫）が賦課されている。これも二月では年始にならないので、時期的に疑問がある。いずれにせよ、赤松氏は播磨から美物を荘園から徴発した人夫を使って、京へ運ばせていたのである。さらに同年正月二十九日には、義教の「御参宮人夫」の催促の使者も矢野庄を訪れている。同年二月九日に義教は伊勢参詣に出かけており、そのための人夫が徴発されていた。このように、室町幕府の行事と連動した人夫役が荘園から徴発され、彼らは宴会で将軍に出される美物や酒などを運んだのだろう。一般的には守護による荘園への影響力の強まりの契機として、段銭《たんせん》・棟別《むなべつ》銭《せん》賦課が問題とされるが、人夫役賦課の方が回数においてははるかに凌駕しており、人夫役が与えた影響を考慮に入れる必要があるだろう。

美物と精進解

美物の贈答は別の目的でも行われていた。その目的を『看聞日記』によって述べていこう。永享五年十二月八日、義教は後花園天皇に「御精《しょう》進解《じんとき》」のために美物を贈っている。精進解は以前は広く行われていた民俗慣習で、精進の状態から脱し、日常生活に戻るため、生臭物つまり魚や鳥獣の肉を食する行事で、精進落《おち》・精進ほどき・精進直《なおし》とも呼ばれる。この直前の十月二十日に後小松上皇が没していて、後花園天皇は喪に服していたのである。十二月八日は上皇が没してから四十九日目つまり中陰《ちゅういん》にあたる。中陰までは謹慎するのが当時の慣習であり、日常生活に戻る区切りとして美物を食べていた。そして、その美物はほかの人から贈られることになっていたのである。

『看聞日記』には精進解のための美物の贈答の事例がほかにもみられる。応永三十二年（一四二五）七月十九日、伏見の住人小川禅啓は貞成親王に精進解のために、魚と捶（樽）を贈った。この日の日記には得度《とくど》前後三七日《さんしち》（二十一日間）は精進を行うとあり、閏六月二十八日から精進を始めており、この日が二十一日目にあたる。得度（出家）は七月五日に行われ、得度の七日前から、十四日後まで精進を行なっており、その精進解のため、魚と酒が贈られたのである。

また、応永二十七年十月十八日、義持の病気が本復し、魚を食べることになったので、大名たちは美物を贈っている。義持は春以来精進を続けており、この日を精進解としたのである。この精進は病気を治すためにみずから志願して行なったものと思われるが、病気本復《ほんぷく》を記念しての美物の贈答も行われていた。

命日と精進解

室町幕府の政所執事代《まんどころしつじだい》を務めた蜷川親元《にながわちかもと》の日記（『親元日記』）にも、精進解のための美物の贈与が多くみえる。親元は政所執事である伊勢貞宗《さだむね》に仕えていて、日記では貞宗を「貴殿」と表現している。また、貞宗の子貞陸《さだみち》も活動しており、日記では「武庫殿」と呼んでいる。伊勢氏は代々政所執事を務めた家で、将軍を養育するなど関係が深く、政所という幕府で最も重要な職を独占していることもあいまって、たいへんな権勢を誇っていた。以下では、この日記により、精進解の実態や伊勢氏と精進解の関係に関して、検討を加えていこう。

精進解は先に述べたように、精進の状態から脱するために行われる。では、何の目的で精進をするのだろうか。先の例では先代の忌日（命日）と病気回復が目的である。日記では将軍義尚《よしひさ》は後土御門《ごつちみかど》天皇に後花園《ごはなぞの》上皇の忌日の精進解のため美物を贈っている〈文明五年〈一四七三〉十二月二十八日条〉。後土御門天皇は後花園上皇の子であり、父の没した日には身を慎んでいたのである。

こうした先代の忌日における精進は室町将軍も行なっていた。文明十三年五月七日に貞宗は将軍に鯛・鱧《はも》・烏賊《いか》を進上している。この前日は鹿苑院《ろくおんいん》、つまり三代将軍義満の忌日（応永十五年〈一四〇八〉五月六日没）であり、これらは精進解の美物であった。また、同年七月二十二日にも貞宗は将軍に青鷺と干鯛を進上している。前日は慶雲院の忌日であった。慶雲院とは嘉吉《かきつ》三年（一四四三）七月二十一日にわずか十歳で没した七代将軍足利義勝のことである。

文明五年六月十八日、義政は普広院の焼香のために御成を行い、その際に蜷川蔵人が御精進折十合を献上している。この御成は七日間続き、最後の二十四日には普広院の三十三回忌の仏事が行われ、翌二十五日に伊勢貞宗は美物七種、日野富子に三種を進上している。普広院は六代将軍義教のことで、嘉吉元年六月二十四日に赤松満祐《あかまつみつすけ》によって暗殺されている。忌日の精進は通常一日のみだが、この場合は三十三回忌という仏事があったため、七日間の精進となり、精進折が進上されているのが特徴である。義政は七日間は進上された精進物を食べて過ごし、終了後に貞宗から進上された美物を食べて、精進の状態から日常に戻ったのである。

文明十七年八月八日には勝智院正忌日のため、義尚は焼香のため御成をしようとしたが、土一揆蜂起のため中止になった。しかし、翌日には伊勢貞陸が義政に鴨《かも》・鯉・海月、義尚に鴫《しぎ》・海月、日野富子に鱸《すずき》・蛸《たこ》・海月を「精進直」のために進上しているので、それぞれ自邸で精進を行なっていたのである。この勝智院とは誰のことであろうか。先に述べた義教三十三回忌の際にも勝智院から普広院にいたる人の焼香を行なっており、義政一家にとって重要な人物であったことがわかる。実は勝智院とは義教室となった日野重子《しげこ》のことで、義勝・義政の母である（『尊卑分脈《そんぴぶんみゃく》』）。しかも、日野富子は重子の兄義資《よしすけ》の孫にあたる。

以上から義政・義尚の頃には、三代義満・六代義教・七代義勝・日野重子の命日に精進が行われ、翌日に伊勢貞宗・貞陸親子によって精進解の美物が進上されていたことがわかる。義教と日野重子は義政の父母、義勝は兄であり、命日に精進するのは当然である。一方、それ以前の将軍に関しては、義満を除いて日記からは精進を行なった形跡はみられない。これは尊氏以後すべての将軍の命日に精進を行なっていては、あまりに精進日が多くなりすぎるので、義教以前は原則として省略していたためと考えられる。

伊勢氏は政所に関する一般的な職務のみでなく、将軍一家の生活をコントロールする役割を果たしていたことになる。伊勢氏は将軍を養育するなど、幼少時から身体の管理に深く関わっており、それゆえ精進解も行なったのであろう。将軍一家にとって精進解は日常に戻るための儀式であり、それは伊勢氏の進上行為で可能になったのである。将軍の生活や身体は国家の根幹に関わることであり、その管理は最も重要な意味を持つ。つまり、伊勢氏の権勢は将軍の生活や身体状況そのものを管理していたことにも由来するといえよう。また、将軍も伊勢氏の活動に依存することが大きかった。

伊勢貞宗は文明十三年正月二十一日に聴松院の追善を行い、翌日には多くの人々から「精進ほどき」として美物が贈られ、親元も両種（二種類の美物）を進上している。聴松院とは貞宗の父、貞親のことで、文明五年正月二十一日に没している。伊勢氏においても先祖の忌日には精進を行い、伊勢氏の権勢によって、多くの人から精進解の美物が贈られていたことがわかる。なお、精進解の進上は朝に行われており、朝に美物を食べて、日常に戻るというサイクルがとられていた。

六斎日と精進解

義政は文明十五年（一四八三）に東山山荘《ひがしやま》に移り、東山殿と呼ばれるようになり、同十七年六月十五日に臨川寺三会院《りんせんじさんねいん》で出家した。この文明十七年は年末の十五日以降を除き、一年分の日記が残っており、義政の動向を知ることができる。同年の記事をみると、特定の日に伊勢貞陸が義政に美物類を進上していることに気づく。表5に進上日と進上した食物を整理したので、これに基づき検討を加えよう。

一日・九日・二十五日は毎月定期的に進上している。一方、十六・十七日と必ずしも一定しないが、この頃にも進上されている。なぜこれらの日に進上が行われるのだろうか。

仏教では身を慎み、戒を守るべき日である六斎日《ろくさいにち》が定められており、それは八・十四・十五・二十三・二十九・三十日である。二十九・三十日は月末であり、一日は六斎日の翌日にあたる。九日は六斎日である八日の翌日、二十五日は六斎日である二十三日の二日後である。また、十六・十七日は六斎日である十五日の翌日・二日後にあたる。

つまり、これらの進上は六斎日から日常に戻る精進解が目的であった。実際、五月十七日条には「御精進直」とはっきり書かれており、この点が明らかである。二十五日が六斎日の二日後になっている理由は明らかではないが、十四・十五日や二十九・三十日のようにほかの六斎日が二日連続しているので、義政は二十三・二十四日も連続して精進を行なっていたため、二十五日に精進解がずれた可能性が高い。義政は二年前から東山山荘で隠《いん》遁《とん》的生活に入っていたので、六斎日をきっちり守っており、それゆえ精進解の美物進上がなされていた。そして、それを担当していたのが伊勢貞陸であった。

美物の組み合わせ

美物はほとんどが二種類だが、その組み合わせにはどのような特徴があるのだろうか。組み合わせには、①魚が二種類、②魚と鳥、③魚と魚以外の水産物のパターンがある。魚は鯛が最も多く、ほかに鱸《すずき》・鮒・鮎・鱧《はも》・鯇《あめ》・鯉・鮭・鱈・鮒鮨がある。鯛は一年を通して進上されているが、ほかの魚は特定の季節に限られていることが多い。これはその季節に獲られるためであり、たとえば鮭は十月に進上されているが、鮭はこの頃に川を遡上し始める。また、鱈は冬に獲るものであり、それゆえ十二月に進上されている。

鱧はウナギに似た魚で、現在では主に関西で好まれ、蒲焼・鮓・吸い物にして食べられ、特に夏に美味とされている（『日本国語大辞典』）。鱧が六月から八月に進上されているのは、この季節が美味であるためであり、おいしい季節を狙って漁が行われていたことを物語っている。鯇に関しても同様のことがいえ、産卵前の八・九月が美味とされていて、やはりその季節に進上されている。魚以外の水産物としては、烏賊《いか》・蛸・海月・蛤《はまぐり》・擁剣《がざみ》（蟹

25日
鵇1折30・鯛3
鯛3・蛤1折
鯛5・擁劔1折
鯛5・蛸1折
鯛2・鮒鮓1折
青鷺3・干鯛1折
青鷺3・鮎1折・干鯛1折・鱧1折・海月1桶
五位鷺3・鱸3
鯛5・蛸1折
水鳥2・鯛10
水鳥2・鮭1尺
鴨2・鯛5

表5　文明17年における伊勢貞陸から東山殿（義政）への献上品

献上月	1日	9日	16・17・22日
1月		鴨2・鯛1折・海月1桶	
2月	雲雀1折・鯛3	鯛3・蛤1折	
3月	鴨2・鯛3	雁1・鯛2・鯉1折・鮒10・蛤1折	
閏3月	鯛5・烏賊1折	鮒1折・蛸1折	
4月	鯉1・烏賊1折	鱧1折・烏賊1折	
5月	鯛10・蛸1折	鯛5・干蛸1折	鯛5・鱒5・蛸1折(17日)
6月	鯛5・鮒鮓1折	鱸3・鱧1折	
7月	鯛5・鱧1折	青鷺3・鯉1折	鱧1折・海月1桶(22日)
8月	鯇1折・鱧1折	鴨2・鯉5・海月1桶	鴨2・鯉5・烏賊1折(16日)
9月	鴨2・烏賊1折	鯛3・烏賊1折	鴨2・鯛5・鯇1折(17日)
10月	鵯1折・鱸2	鴨2・鯛3	
11月	鯛5・蛸1折	雁1・鯛5	
12月	雲雀50・鯛3	鴨2・鱈2	

図11　トリモチを使って小鳥を獲る人（『洛中洛外図屛風』より）

の一種）がある。これらはいずれも室町時代にはポピュラーなものであり、贈答品や宴会に出される品として史料によくみられる。

鳥は雲雀《ひばり》・水鳥・鴨・青鷺・五位鷺《ごいさぎ》・鶫《つぐみ》である。これらは鴨を除いて、現在では食用とされていないが、室町時代には盛んに食べられていたことがわかる。雲雀・鶫は小型、鴨・青鷺・五位鷺は大型であり、両者は捕獲方法や流通経路が異なっていたと考えられる。この種の鳥は日記では大名などからの進上品にはみえず、伊勢氏が独自に入手したと考えられる。『洛中洛外図屛風《らくちゅうらくがいずびょうぶ》』にはトリモチを使って小鳥を獲る人の姿が描かれており、こうした人々が鳥の供給源であろう。あるいは幕府直属の鳥の捕獲人がいたのかもしれない。

この点はともあれ、室町時代には精進解のための美物の贈答が盛んであった。忌日・仏事・六斎日・参籠などさまざまな機会に精進が行われ、それが逆に美物の贈答を促進する結果をもたらし、美物の種類自体も多様化したのである。

平安時代の精進解

精進解の慣習は室町時代に始まったわけではなく、平安時代から行われていた。『土佐日記《とさ》』や『かげろう日記』にその様子が記されている。紀貫之《きのつらゆき》は土佐から帰京する途中の二月十四日に節忌《せちいみ》をした。十四日は六斎日であり、節忌とは精進を意味する。ところが、精進物がなかったため、午《うま》の刻（午後十二時頃）に梶取《かじとり》（船頭）が釣った鯛と米を交換して精進落をしている。十四日には土佐の室津に滞在していたが、港という土地柄、魚以外のものがなく、本来は翌十五日まで精進をするはずなのに、仕方なく半日で精進を断念して鯛を食べて精進落をしたのである。一方、梶取は鯛を釣っており、六斎日における精進とはまったく無関係な生活をしていたことがわかる。梶取のような海に生きる人にとって、魚を絶つことは考えられず、この時代には精進の慣習は貴族階級に限定されていたのである。

『かげろう日記』では作者は大和国の初瀬で参籠を行なった。その帰途に宇治川に着いたが、そこでは「としみのまうけ」がされていた。「としみ」とは落忌《おとしいみ》のことで、忌を落す、つまり精進落のことである。作者には紅葉の枝に雉子と氷魚《ひうお》（鮎の稚魚）をつけたものや鯉・鱸が捧げられ、酒も交えた宴会が行われた。宇治には川を杭で塞き止めて、氷魚を獲る網代《あじろ》と呼ばれる漁具が設けられていたことが知られる。捧げられた氷魚ももちろん網代で獲られたものである。鯉や鱸も宇治川で獲られたものと考えられ、その土地の特産品を捧げて、精進落が行われたのである。これに対して、雉子は天皇による鷹狩の獲物の代表であり、貴族の間で最も上級と認識されていた鳥である。ちなみに枝につけて贈り物をするのも当時の貴族の間で広く行われていた慣習である。

このように、魚と鳥の組み合わせで精進解が行われており、それが室町時代にも受け継がれていたのである。この宴会は宇治川という境界地点で行われているので、坂迎《さかむか》え（境迎え）としての意味もあったと考えられる。宴会終了後に作者らは宇治川を渡り帰京した。つまり、この宴会は参籠という精進期間を終えて、京に帰るために行うものである。また、宇治を象徴する魚と天皇を象徴する鳥を捧げたことは、境界地点を越えて、京に帰ることを作者に意識させる効果があったのだろう。

社寺参詣と宴会

精進が求められる最も一般的な契機は社寺参詣であった。社寺参詣の直前に精進屋に入り、身を清めたうえで参詣に向かう慣習は古代以来のもので、室町時代にも引き続き行われていた。『看聞日記』や『満済准后日記』にはこれに関する記事が多くみられる。この時期には伊勢や熊野参詣などの社寺参詣が流行し、上は将軍から下は民衆までさまざまな階層の人が寺社参詣を行なっていた。こうした参詣の際には贈答や宴会がみられていたので、これに関して検討しよう。

応永二十九年（一四二二）二月九日、宰相・長資朝臣・小川禅啓《ぜんけい》など貞成親王周辺の人々が熊野参詣《くまのさんけい》を行うため、明日から精進屋に入ることになったので、その前に貞成親王は「餞送《せんそう》」として人々を招いて「一献《いっこん》」（宴会）をもった。翌十日に精進屋に入り、十六日に出発する予定であったが、何らかの支障があり、結局十八日に延期となった。十六日は十日から七日目にあたるが、一般に精進は七日間行うのが原則であり、この場合もそうなっている。十七日に精進屋から人々が出てきて、貞成親王のもとで宴会を行なった。結局、精進屋に入る前と出た後に宴会をしているが、後の宴会は精進解と同様の意味があったと考えられる。

三月八日、熊野参詣から戻って来るというので、貞成親王周辺の人々は坂迎えのために淀に出向いた。坂迎えは「客人の接待と贈答」の章で述べたように、もともとは国司を国境で迎えて饗応する慣習であったが、室町時代には社寺参詣から帰って来た人々を出迎えることを意味していた。京から熊野参詣への経路は、行きは淀から淀川を船で下り、渡辺（大阪市）の津で降り、そこから熊野街道を歩いていくのが一般的であり、帰りはその逆で淀に上陸して京に入る。つまり、淀は京の入口であり、まさに境界地点で坂迎えが行われていたのである。もちろん、坂迎えの時には宴会があった。

「宮笥」と土産

帰ってきた参詣者たちは貞成親王を訪ねて、酒を飲みながら熊野の話をし、「宮笥《みやげ》」を献じた。「みやげ」を現代は漢字で土産と書くが、『看聞日記』など室町時代の日記では「宮笥」と書くのが普通である。一方、「土産」は平安時代から各種の史料にみられ、「とさん」あるいは「どさん」と読まれていた。著名な永延二年（九八八）の尾張《おわり》国郡司百姓等解文には、「漆は丹羽郡土産なり」とある。また、十一世紀後半成立と推定される『新猿楽記』には、受領《ずりょう》の従者である四郎が「諸国の土産を集めて、貯えはなはだ豊かなり」とあり、以下諸国の名産品を列記している。

これらの記述によれば、土産は本来は国衙《こくが》へ納入する各地の特産品という意味であった。一方、「宮笥」は参詣先や旅先で入手した品物という意味で使用されており、意味的には現代と同じである。土産も「宮笥」もその土地の特産品という点では同じであり、納入品から贈答品に転化し、現代と同じような意味で使われるようになったと思われる。こうした転化が成立したのは、土産は基本的には国衙への納入品であったが、一面では贈答品という意識が存在したからではないだろうか。その意識とは土地の特産物を贈って、相手を喜ばせようというものであったと考えられる。「宮笥」が「土産」に変わったのは室町時代後期とされるが、両者が混同されるにいたった経緯や理由を考えることで、年貢や贈答の本質の一端が明らかにできると思われる。

さて、十七日には熊野餞送の「還礼」として宴会が行われた。これは参詣前に貞成親王が行なった宴会に対して、参詣者が主体となって行うお返しの宴会である。このように年間を通して、宴会も贈答と同様にお返しが行われ、招かれたら招き返していたのである。応永三十一年三月に貞成親王周辺の女性たちが初瀬参詣をした際も、餞送の宴会、出発、平等院での坂迎え、貞成親王への「宮笥」の献上、「還礼」の宴会とまったく同じようなことを行なっている。これが当時の慣習であり、社寺参詣に付随して何度も宴会が行われたのである。

歳暮の贈答

歳暮の贈答

現代では歳末のお歳暮が年間を通して、最も贈答が行われる機会となっている。室町幕府の場合は歳末の贈答はどのようなものであったのだろうか。歳末の贈答の一つが先に述べた大晦日における大名による美物《びぶつ》献上、さらに将軍から院・天皇への美物の贈与である。『年中恒例記』では美物は院・天皇以外に近衛・三条・三条西、天皇の女房衆、同朋衆《どうぼうしゅう》、田楽《でんがく》などにも贈られている。同朋衆は将軍の身辺に仕え、身の回りの雑事に従事し、阿弥号を名乗ったことで知られ、幕府の年中行事でもさまざまな役割を果たしていた。田楽はびんざさら（編木）や鼓を演奏しながら舞う芸能で、正月七日には将軍に拝謁していた。こうした芸能人に対しても美物が下賜《かし》されていたのである。歳末は正月の準備のための行事も多く、それに伴って贈答も行われていた。その代表に十二月二十七日の「すすはき」(煤掃・煤払い)があった。煤掃とは一年間たまった煤やほこりを掃除する行事で、同朋衆が行なっていた。同朋衆は箒《ほうき》を使って掃除をしたが、各人に箒を拭う布が与えられた。当時の屋敷内では炭や薪、明かり用の油を燃やしていたので、煤がたまりやすく、すぐに箒が真っ黒になってしまうため、それを拭う布が必要とされたのである。この時には煤掃の御祝として、雑煮が出され、同朋衆や御美女と呼ばれる女中に酒が下賜された。美女は女房衆の下に属していた女中たちで、この雑煮も含めて年中行事で将軍が食べる物を調理する女性であった。なお、雑煮の中に入れる餅自体は大草氏がわざわざ調理しているので、何らかの特別な作り方があったのだろう。

伊勢海老の献上

北畠氏が歳暮御礼として海老十籠を献上している。北畠氏は伊勢の守護なので、この海老は伊勢で採られたものだろう。海老は今でも祝儀の品として重宝され、宴会の席を彩っている。現在伊勢海老と呼ばれる海老は、茨城から九州の太平洋岸一帯で採れるが、その名がついたのは伊勢で採れた海老の名声が高かったためであり、その源泉は少なくとも室町時代に遡《さかのぼ》る。また、『徒然草《つれづれぐさ》』には北条時頼が足利義氏を訪ねた時、一献《いっこん》が打ち鮑《あわび》、二献《にこん》が海老、三献《さんこん》が掻餅《かきもち》が出されたことが記されているので、すでに鎌倉中期には武家の間で海老は祝儀の食物であったことが知られる。

海老が祝儀性を持った理由は腰が曲がった姿が長寿を連想させ、それゆえ海老という文字が宛てられたと一般的には説明されているが、ほかに姿の特異性や赤という目立つ色も関係していると思われる。正月の飾りである蜜柑《みかん》や橙《だいだい》など柑橘《かんきつ》類も鮮やかな黄や赤の色をしており、赤色も海老の祝儀性の賦与に作用したのではないだろうか。それに加えて、当時の室町将軍は伊勢神宮参詣を繰り返しており、伊勢という地域にも特別な想いが込められ、そこから献上される海老により祝儀性が賦与されたとも考えられる。いずれにせよ、伊勢海老が祝儀の食品となった源泉は中世に遡るのである。

炭の献上と丹波炭

『年中恒例記』には歳末に細川惣領家が美物と炭を献上し、その炭を同朋衆が受け取って、「年中の御立すみに仕《つかまつ》るなり」とある。美物の献上に関しては先に述べたが、炭の献上にはいかなる意味があるのだろうか。この点を考えていこう。炭を贈っているのは細川氏のみではない。『北野社家日記《きたのしゃけにっき》』には十二月に松梅院《しょうばいい》がいろいろな人に炭を贈った記事が散見する。この炭は「丹炭」「丹波炭」と記され、丹波《たんば》産の炭であった。この日記の明応《めいおう》二年（一四九三）十一月三十日条には「舟井から炭一荷が初めて上納された」とある。この舟井とは先にも少し触れたように、丹波国にある北野天満宮領の荘園なので、松梅院が贈った炭は舟井庄から上納されたものが主たる供給源であったと考えられる。

丹波が炭の産地であったことは、公家山科言国《やましなときくに》の家司《けいし》大沢久守が書いた『山科家礼記《けらいき》』

にも記述がある。文明《ぶんめい》九年（一四七七）閏正月、久守は朝廷からの依頼により、嵯峨口にある関の通行許可書を記した。内容は天皇領丹波国上村庄から運送される米・炭などが関銭を払わずに通過することを認めたもので、丹波から嵯峨を通り、天皇の御所に炭が運ばれていたことがわかる。また、日記のほかの部分には丹波炭を贈ったという記述もある。

このように、丹波の炭は「丹炭」と京の人々に呼ばれるくらい有名であった。もちろん、京の周辺の山で生産される炭も多く、なかでも大原の炭とそれを売り歩く大原女《おはらめ》の風俗は有名である。実は明徳《めいとく》三年（一三九二）以降、丹波守護は細川氏の惣領家が務めており、歳末に献上した炭もやはり丹波炭と考えられる。

図12　大原女（『七十一番職人歌合』より）

　丹波の名産品として、ほかに有名なものに栗がある（この点後述）。栗は炭の原料にもよく使用される木であり、丹波では国内に多く生えていた栗の木を使って炭焼きが行われていたと考えられる。一方、『北野社家日記』によれば、舟井庄から松茸が贈られているので、赤松林も丹波には多かったようである。松も炭の原料として使われる木であり、丹波炭の主な原料には栗と赤松の二種があったのだろう。このように、丹波は京における炭の供給地であり、「丹炭」は歳末に盛んに贈答されていたのである。舟井庄から北野《きたの》天満宮《てんまんぐう》に上納された炭は公事《くじ》であったと思われるが、なぜ歳末に上納や贈答が行われたのだろうか。

歳末節料と炭・薪

この点を解くヒントが先に触れた矢野庄の年貢散用状《さんようじょう》に記されている。文和《ぶんな》三年（一三五四）分の散用状には「方々奉行人節季《せっき》節料《せちりょう》炭代」として、五斗二升（代四百文）が支出されている。また、貞治《じょうじ》二年（一三六三）分の散用状には、守護方節季炭催促使雑事と守護内奉行人方の節季 志《こころざし》 炭代が支出されており、「節季節料」として炭が守護の奉行人に贈られていたことがわかる。「志炭代」とあるように、これはあくまでも任意による贈与であり、強制ではない。この贈与の名目である「節季節料」とは、いかなる意味であろうか。

節はこれまでも述べてきたように、節供《せっく》や正月・歳末などの季節や年の変わり目を意味し、その時には節会《せちえ》などの年中行事、さらに宴会や贈答も行われる。「節料」とは節を行うための費用を意味し、矢野庄からは炭が贈られていた。その後、応永《おうえい》十年（一四〇三）十二月六日には節季の人夫が賦課され、後々の例になると困るので、一献分として五百文を守護方の衣笠氏に贈って免除を嘆願した。しかし、翌年分の散用状では節季の京上夫の費用が支出され、翌年以降も同種の費用の支出がみえ、実際には恒常化していた。そして、応永十三年分の散用状では、「歳末京上夫」とあるので、節季と歳末は同じ意味で使用されている。一般の荘園や国衙領《こくが》（公領）では五節供ごとに公事が賦課されるが、矢野庄では守護から賦課されるのは節季（歳末）の節料に限られている。これはいかなる理由があるのだろうか。

安芸《あき》国の国衙領では、鎌倉時代に歳末節料として百姓一人あたり炭二籠が賦課されていた（田所文書《たどころもんじょ》）。つまり、歳末節料は炭を納入するのであり、矢野庄における節季の炭の贈与も歳末節料の伝統に由来することが推測される。この節料に関しては、鎌倉時代に地頭と荘園領主の間で、その収納をめぐって争いが起きていた。こうした状況に対して、鎌倉幕府は寛喜《かんき》三年（一二三一）に五節供に対する地頭の干渉を禁止した。だが、翌年には三・五・七・九月の節供は地頭の干渉は禁止するが、歳末節料の一部を地頭が収取することを認めている。

歳末節料に限って、鎌倉幕府が収取を認めた理由は不明だが、地頭側の要求も強く、重要性が高かったことによると思われる。歳末節料とは正月の準備にあてるもので、地頭にとっても新年を迎えるうえで大切なものであり、幕府も認めざるをえなかった。これにより、地頭による歳末節料の収取は公認され、その後は公然と行われるようになった。一方、守護は矢野庄の地頭を務めていたのではないので、直接歳末節料を取ることはできないが、贈与という形式で節季の炭を獲得していた。さらにこれに加えて、節季の人夫も徴発したのである。結局、節季に限って、守護が矢野庄から炭や人夫を獲得できたのは、歳末節料としての炭の収納、鎌倉幕府による歳末節料の収取の公認という歴史的前提によると思われる。細川氏が献上した炭にも同様の意味があったのだろう。

ほかに歳末に贈られるものに薪があった。民俗では新年を迎える用意のために、歳末に柴や薪を切ることが行われ、年木《としぎ》・節木《せちぎ》・年薪《としたきぎ》と呼ばれている。荘園の公事に「歳末薪一駄」がみられるが、これがまさに年木にあたる。朝廷では正月十五日に人々が御薪《みかまぎ》を献上する儀式があり、これも同様の性格を持つ。

衣替えと衣服の贈答

衣替えと六月祓

節供《せっく》は衣替《ころもが》えが行われる日でもあった。『年中恒例記』によれば、四月一日から男女ともに小袖《こそで》から袷《あわせ》に衣替えをした。そして、端午《たんご》の節供の日には男性は袷から帷子《かたびら》に衣替えし、女中衆はそのまま袷を着続けた。帷子とは裏地のない一重の着物で、絹・麻・木綿製のものがあったが、『年中恒例記』には諸家は越後布の透素襖《すきすおう》を着用するとあるので、男性が着た帷子とは具体的には透素襖のことであった。素襖は直垂《ひたたれ》の一種で、透素襖は夏に用いる薄手の素襖をいう。この透素襖は本式は六月晦日までの着用であったが、この当時は七月晦日まで着たという。

越後《えちご》布は苧麻《ちょま》製の布で、越後の特産品として古くから有名であった。たとえば、建久《けんきゅう》三年（一一九二）には北条政子《ほうじょうまさこ》は鶴岡八幡宮《つるがおかはちまんぐう》に願をかけ、その際に八幡宮の供僧《くそう》たちに越布一端・桑糸一疋・馬一疋を贈っている（『吾妻鏡《あずまかがみ》』建久三年七月二十三日条）。もちろん、越布とは越後産の布であり、僧侶への布施《ふせ》として用いられているので、当時から珍重されていたことがわかる。

その後、室町時代には越後布は越後守護上杉氏の贈答品になっていた。応永《おうえい》二十九年（一四二二）六月に足利義持が越後守護上杉氏の屋敷にはじめて御成《おなり》した際には、きわめて豪華な接待が行われた。引出物三千貫を贈ったうえで、二十七献まで宴会があり、一献《いっこん》ごとに引出物が贈られ、翌日には車一両の越後布が献上されていたという（『看聞《かんもん》日記』同年六月二十六日条）。二十七献は普通の宴会に比べて多く、その力の入れようがわかる。車一両の越後布とは大量であり、上杉氏は豪華な贈答品を誇示するために、あらかじめ国元から大量の越後布を送らせていたのである。次章で改めて述べるが、室町時代の守護は将軍に国元の特産物を献上しており、これもその一例である。

ところで、越後布の透素襖は本来は六月晦日まで着ていたというが、この日はちょうど一年の真ん中にあたり、六月祓《みなつきのはらえ》が行われていたことで知られる。六月祓は夏越《なごし》（名越）の祓いとも呼び、現在でも行われている民俗行事で、神社の境内に設けられた茅《ち》の輪《わ》をくぐって穢《けが》れを祓うものである。『年中恒例記』によれば、夜に伝奏《てんそう》が来て、将軍の目の前で麻の葉を三度輪に入れている。もちろん、この麻の葉は将軍の身代わりとして、茅の輪を潜ったのである。麻の葉が使われたのは、麻が夏の着物であったのと関係し、麻そのものに穢れを祓う効果があったと考えられる。

この六月晦日には土佐刑部《ぎょうぶ》少輔《しょうゆう》と粟田口《あわたぐち》民部丞から扇が一本ずつ献上されている。土佐も粟田口も絵師であり、いうまでもなく扇には彼らの絵が描かれていたが、なぜ、この日に扇が献上されたのだろうか。扇は一般的には祝儀の品であり、正月九日に狩野大炊助《おおいのすけ》が御嘉例として献上した扇にはそうした意味が込められている。これに対して、六月晦日の扇は六月祓との関連からみて、穢れを祓う意味があったと考えられる。中世の絵巻物で、

図13　扇で顔を隠し，骨の間からみる人（『一遍上人絵伝』より）

扇で顔を隠し、骨の間から特別な光景をみる人々がしばしば描かれているが、これには穢れを防ぐ意味があったと推測されている（『絵巻物による日本常民生活絵引』）。つまり、六月晦日に献上された扇は六月祓とともに、将軍の身体の穢れを祓うためのものであり、ある意味では翌日の七月一日から新しい年が始まったのである。本来、透素襖を六月晦日まで着用していたのも、この日が年の最後であるため、その日を期して衣替えを行なっていたといえよう。ちなみに、狩野・土佐・粟田口という当代一流の絵師の筆による扇には何が描かれていたのだろうか。

袷・帷子の衣替えと贈答

六月一日に女中衆は袷から帷子に衣替えした。また、六月初め頃には加賀守護富樫氏が梅染の帷子三寸を献上している。一方、『殿中申次記』では七月九日に富樫氏が御帷と梅染御服を献上しているが、これは七夕の贈答品である。先に述べたように、帷子には絹・麻・木綿製のものがあったが、この帷子は何で作られていたのだろうか。『庭訓往来《ていきんおうらい》』（南北朝期成立）に「加賀絹」とあるように、加賀国は絹の産地として知られている。永享《えいきょう》三年（一四三一）十二月二十七日に富樫氏は満済《まんさい》に加賀絹二十疋を贈っており、これ以前から加賀絹は贈答品として珍重されていた（『満済准后日記《まんさいじゅごうにっき》』）。

これより後の文禄《ぶんろく》三年（一五九四）四月に前田利家《まえだとしいえ》の屋敷に豊臣秀吉が御成した時には、

生絹《すずし》御帷子が献上されているが（『前田亭御成記』）、この生絹御帷子も加賀で織られたものであろう。生絹とは生糸で織ったものを指し、富樫氏が献上した帷子も同じく生絹製であったと考えられる。なお、利家はこの時に八講田《はっこうでん》の布二百端も献上している。八講田の布とは加賀・越中《えっちゅう》産の麻布のことで、朝廷で行われる法華八講の際に僧侶への布施とされたので、この名がある。これも利家の領国である加賀や越中で作られたものであり、利家も富樫氏同様、国元の特産物を献上していたのである。

このように、男性は五月五日、女中衆は六月一日を期して、帷子に衣替えした。そして、もともとは八月朔日に女中衆も男性も帷子から袷に衣替えし、九月八日まで着ていたが、『年中恒例記』を記した頃には、九月朔日から九日まで袷を着るようになっていて、衣替えの時期がずれていた。八月朔日は先に述べたように、年間を通して最大の贈答のイベントが行われる八朔《はっさく》の日であり、この衣替えもそれと連動して行われるようになったと考えられる。袷とは裏地のついた衣服を指し、裏地のない帷子に比べて、厚手であり、温度の低下に対応するための着物である。

小袖への衣替と綿

九月九日の重陽《ちょうよう》の節供には袷から小袖に衣替えを行なった。小袖はもともとは肌着であったが、次第に上着として用いられ、室町時代には基本的な着物となり、染色され華やかなものになっていた。これ以降、冬に向かうので、小袖の表地と裏地の間に綿を入れて寒さを防ぐのが一般的であった。綿といっても木綿ではなく、古代・中世には蚕の繭《まゆ》から作った綿（真綿）が使用されていた。

先に重陽の節供の際に、綿を菊花にかぶせることが行われたと述べたが、この綿はどこで作られていたのだろうか。朝廷で使用する衣服を調達するのが内蔵寮《くらりよう》という役所であった。元弘《げんこう》三年（一三三三）五月に内蔵寮の年預《ねんよ》が作成した文書には、内蔵寮で調達すべき物品の入手方法が記されており、その中に重陽の菊に着せる綿は「石見国呉綿《いわみ くれわた》」を使用するとある（『演習古文書選』荘園編下所収）。この呉綿と一般的な綿（真綿）がどのように違い、なぜ呉の名称が付くのかは明らかではないが、石見国で生産された特産品であったのは間違いない。呉綿は仏名会《ぶつみようえ》で僧侶に与える布施でもあり、ほかの史料でも僧侶への布施としてしばしばみえる（小野晃嗣『日本産業発達史の研究』）。

呉綿は越前《えちぜん》でも生産され、奈良の大乗院の荘園では年貢とされていた。『新猿楽記《しんさるがくき》』では名産品として越前綿が挙げられているが、この越前綿と呉綿は同一のものと考えられる。おそらく越前で生産される綿が特に品質が良かったため、呉綿とも呼ばれ、越前綿としての名声を獲得したのだろう。越前の朝倉氏は文明十三年（一四八一）十二月に絹二十（十疋は上品）と綿三十把を将軍に献上している（『親元日記』）。この献上は越前の絹と綿が特産品であったことに基づくものである。室町幕府でも菊に綿を着せる行事が行われていたが、その綿も呉綿で、朝倉氏が献上した綿を使用していたと思われる。朝倉氏が越前を支配する以前は同国の守護斯波氏が綿を献上していたのではないだろうか。

千両の起源

中世の主要な繊維製品である絹布・絹糸・綿・麻布はそれぞれ計量単位が異なっていた。布類は布の長さ、糸や綿は重量で計られ、年貢として納入する際も同様の単位が使用された。当時の重量単位の基本は両と斤《きん》であり、十六両が一斤であった。また、匁《もんめ》（文）の単位も使用され、一両は十匁（文）、一斤は百六十匁であった。両という単位は、現在では近世に使用された大判・小判の単位として認識されているが、近世以前においては主に糸や綿の単位として使用されていた。現在では千両役者・千両箱、相撲の十両の言葉が一般的に使用され、千両箱は多額な富を持っていることの象徴的な表現ともなっている。大判を多く持つことは富を示すものだが、千両という単位自体にも富や祝儀性が賦与されていたと考えられる。この千両という単位はどのような場合に使用されていたのだろうか。

富士の綿の献上

『吾妻鏡』によれば、文治《ぶんじ》五年（一一八九）十一月、源頼朝《みなもとのよりとも》は「富士郡済物《さいもつ》」として綿千両を後白河法皇《ごしらかわほうおう》に送っている。その五年後の建久五年（一一九四）にも「富士郡済物綿千両」を頼朝みずから使者を派遣して送っている。済物とは貢物として送る地方の特産物という意味であり、富士郡の綿が特産物であったことを物語る。この頼朝による綿千両の送付にはいかなる背景があったのだろうか。

文治二年六月に後白河法皇は頼朝に対して、富士領は御領であり、年貢をすみやかに納入するように申し入れている。このことから「富士郡済物」とは、富士御領と呼ばれる後白河法皇の荘園で、綿はその荘園の年貢であったことがわかる。二年後の文治四年六月に後白河法皇は同じく頼朝に八条院領の富士神領などは平家没官《もっかん》領であり、当時は北条時政が地頭となっていたが、年貢の量などが不明なので、調査したうえで納入するように述べている。八条院は鳥羽《とば》法皇の娘で、後白河法皇の姉にあたり、鳥羽法皇から多くの荘園を譲られ、八条院領と総称されていた。翌年から始まった頼朝による綿千両の送付はこうした後白河法皇の申入れに答えたものであった。

平家滅亡後に平家が持っていた預所《あずかりどころ》などの職は没収され、結局頼朝に与えられた。富士御領もその一つで、この時には実質的には後白河法皇が領家、頼朝が預所、北条時政が地頭であったとみられる。一方、『平家物語』には平清盛の娘徳子が後の安徳《あんとく》天皇を生んだ際に、清盛は嬉しさの余りに金千両と富士の綿二千両を後白河法皇に献上したとある。ここでも献上量が千両という単位となっており、それ自体に濃厚な祝儀性がうかがえ、清盛の喜びぶりを象徴している。この時に清盛は富士御領の預所であり、その職務により獲得した綿を献上したと考えられる。

『平家物語』に単なる綿ではなく、わざわざ富士の綿と書かれていることから、当時の京でも富士の綿は名産品として有名であり、今風にいえば高級ブランドとなっていたことがわかる。この二千両は富士御領の領家年貢よりも多いので、清盛は後白河法皇が獲得する分より大量の綿を得ていたと思われ、それは清盛の持つ富の一環をなしていた。そして、その綿は平家一門にも配分され、冬の衣服として使用されたことだろう。では、綿自体は全国で生産されるのにかかわらず、富士の綿が名産品とされていたのは、いかなる理由があったのだろうか。

富士御領は駿河国富士郡が荘園化したものとみられ、富士山の南麓一帯を占めていた。いうまでもなく、富士山は日本の象徴的な山として、古代から特別の意味を持ち、『竹取物語』では「不死の薬」と結びつけられている。富士山の麓で生産される綿にも、富士山の持つ象徴性が賦与されることで、特別な意味を持つようになったのだろう。また、大量の富士の綿の納入や贈答から、この地では養蚕が盛んであったことがわかるが、養蚕には蚕が食べる桑が必要である。富士山の麓はなだらかな平原が広がっているので、桑が生えやすい条件を備えていたとも考えられる。いずれにせよ、当時の富士山の麓を訪れたならば、桑が多く生え、それから桑の葉を摘む光景がみられたことであろう。

なお、建久二年十月に注進された長講堂領注文には「富士」の名がみえるので（鎌倉遺文五五六号、島田文書)、この時には富士御領は八条院領から長講堂領に移っていた。後白河法皇は六条殿に持仏堂として長講堂を建立し、寄進された荘園を長講堂領として管理していたことが知られる。また、応永十四年(一四〇七)に作成された長講堂領注文には富士庄の年貢が綿千両とあり、『吾妻鏡』の年貢量に関する記述が裏づけられる。

千万の贈答

千両の綿の贈答はほかの機会にもしばしば行われた。建久元年(一一九〇)十一月に頼朝は上洛した際に、後白河法皇に綿千両と長絹百疋・紺絹三十端を贈っている。また、建久六年三月に頼朝は東大寺大仏完成供養に参列し、その際に馬千疋・米一万石・黄金千両・上絹千疋を寄進している。さらに正治《しょうじ》二年(一二〇〇)正月、頼朝の一周忌が法華堂で行われた際には導師である栄西に綿千両・糸二千両など、ほかの僧侶に綿五百両・糸千両などが贈られている。このように特別な法会や上洛のような機会には、千や万を単位とするものが贈られるのが通例であり、特に綿千両の贈答が目立ち、綿と千両は強固な結びつきを持っていた。東大寺に寄進されたものは目を見張るほどの量であるが、これは頼朝がいかに東大寺供養の重要性を認識していたかを示すものであり、その象徴が千や万という単位であった。

こうした千や万という単位は吉書《きっしょ》にも記されている。吉書とは年頭や代替などの際に、天皇や将軍、さらには領主がみる儀礼的な文書で、内容的にはいくつかの形態があるが、その中に年貢の請取状形式のものがある。東大寺で作成された吉書は次のようなものである（鎌倉遺文六六〇六号）。

納　院家御庄々所当
　能米十万石
　美絹一千疋
　金銀類一万両
右、所納如件《くだんのごとし》、
　寛元四年正月二日
　　　　　　　　権大僧都（花押）

もちろん、これ自体は現実に納められた年貢ではなく架空のものだが、千万単位の米・絹・金銀が納入されることが祝儀的な意味を持っていたため、こうした記載がなされたのであろう。ここでも絹は千の単位となっており、絹や綿などの繊維製品は千が基本であったことがわかる。

建久二年十二月に後白河法皇が法住寺殿に移徙《わたまし》をした際に、塗籠《ぬりごめ》に帖絹五百疋・繕綿二千両・紺小袖千領、御倉に米千石、御厩に馬二十疋が納められた。塗籠とは周囲を厚く壁で塗り固めた部屋のことで、寝室として使用されていたが、衣服など絹製品が収納されていたケースがよくみられ、こうした使い方も一般的であったと思われる。この場合でも繊維製品は塗籠、米は倉、馬は厩という収納場所の使い分けが行われており、そこに千万を単位とするものを収納すること自体が祝儀的な意味を持ち、富の象徴ともなっていた。特に後白河法皇のような王権にあっては、千万が特別な意味を持ち、それゆえ先に述べた富士御領の年貢も綿千両と定められたのであろう。

『御伽草子』と富士の綿千両

『御伽草子《おとぎぞうし》』の一つ「唐糸《からいと》そうし」にも富士の綿千両が登場する。これは次のような話である。頼朝のところに木曾義仲の家臣手塚氏の娘唐糸が奉公していたが、頼朝の命を狙ったため石籠《いしろう》に入れられてしまった。国元にいた娘万寿はそれを聞いて、母の行方を探すために鎌倉に上り、石籠を見つけて母と再会した。その後、機会を得て頼朝の御前で今様《いまよう》を歌い、それをみて感銘した頼朝は万寿を呼び出し、親の名前を尋ねたうえで引出物を与えると述べた。万寿は自分の命に代えて母唐糸の助命を願い、感動した頼朝は万寿に手島で一万貫の土地を与え、御台（北条政子）は金千両と富士の結綿一千把、大御所は砂金五百両と美濃の上品一千疋を与えた。

ここでも引出物が千万単位となっており、その中に富士の結綿一千把がある。『御伽草子』が書かれた室町時代には富士の綿千両の年貢自体は実態を失っていたが、その祝儀性が受け継がれ、引出物の代表的存在とされていたのである。この記述が何を根拠としたかは明確ではないが、当時の人々にとって、富士の綿を含めた品々が富や祝儀の象徴として認識されていて、それを踏まえて記載されたのだろう。

一方、美濃の上品とは何のことであろうか。美濃国は平安時代以来絹の生産が盛んな国であり、国内の荘園には年貢として八丈絹や糸が賦課されていた。こうした伝統により、美濃で生産される絹布や糸は品質が高いものとされ、美濃の上品と呼ばれたのだろう。『庭訓往来』にも「美濃上品」とあり、美濃国の名産品として室町時代の人々にも知られていて、「唐糸そうし」の記述にも反映しているのである。

こうした引出物と吉書にみえる年貢とは量も含めて一致しており、贈答品と年貢は一体のものであったことがわかる。年貢の量は基本的には、一反に米○升や綿○両のように水田の面積を賦課基準として算定され、千万のような年貢量になったわけではないが、富士の綿千両のように祝儀性を根拠に決定されることもあった。年貢は百姓が領主に納めるもので、現象面からみれば搾取となるが、こうした祝儀性を帯びた年貢を納入し、それが領主の倉に収納されることで、より生産が安定・拡大するという観念も存在したと考えられる。千万という単位は鶴は千年、亀は万年の言葉に代表されるように、祝儀性を賦与されてあらゆるものに使用され、こうした意識が現在においても受け継がれている。その意識の源泉の一つが贈答品や年貢の量であった点も認識しておく必要があると思われる。

水産物の贈答と宴会

初物と水産物

贈答品には多様なものがあるが、それにはいかなる特徴があるのだろうか。もちろん、特徴自体もさまざまあるが、本章では主として、初物《はつもの》・名産品と水産物に焦点を当てて、贈答品の特徴を考えていく。

初物と名産物の献上

初物とはその年に初めて採れたものを指し、史料ではものの前に初をつけて表現されていた。室町将軍に対する献上品には多くの初物が含まれていた。『年中恒例記』によれば、六月二日に近江の分郡守護京極氏が初瓜一籠を献上している。さらに、八朔《はっさく》には佐々木四郎三郎が初鯇《あめ》、越前の朝倉氏と若狭《わかさ》守護武田氏が初雁、十月三日には武田氏が初鱈《たら》、大晦日には能登守護畠山氏が初海鼠腸《このわた》五桶を献上している。また、史料には初物とは書かれていなくても、実質的には初物を献上していることも多かった。現在は栽培や保存技術の発達により、季節的な商品であったものが一年中出回るようになったため、初物に関する観念は薄らいでいるが、かつては初物の持つ意味は大きかった。近世においては俳句に詠《よ》まれていることで知られているように、初鰹が珍重され、高値がつくなど投機の対象となるほどであった。また、初物は新鮮なものを神仏や天皇に捧げる贄《にえ》の観念とも関連し、贈答品の特徴を端的に示すものである。こうした神仏や天皇への供御《くご》（供物《くもつ》・供祭《くさい》）と初物や贈答品の関係はいかなるものであったのだろうか。

もう一つの贈答品の特徴はその土地で採れたり、生産された物が贈答品として選択されていたことで、国名や地名がつけられていることも多い。前章で触れた能勢餅は地名がついた名産品である。国名がついた贈答品の代表としては、六角《ろっかく》氏や京極氏が献上した「江《こう》瓜《うり》」がある。「江瓜」とは近江の瓜のことで、室町時代には大量に贈答され、名産品として人々の間で知られていた。このように贈答品には土地の名産物が多かった。

名産品尽くし

国名や地名が名称につけられた名産品を網羅的に羅列した史料がいくつも存在する。なかでも有名なのは、『堤中納言物語《つつみちゅうなごんものがたり》』の「よしなしごと」、『新猿楽記《しんさるがくき》』『庭訓往来《ていきんおうらい》』である。『堤中納言物語』は平安後期成立の短編物語集だが、その中の一話「よしなしごと」には各地の名所や名産品が列挙されている。『新猿楽記』は藤原明衡《あきひら》（一〇六六年没）が著した往来物として知られ、それに登場する受領《ずりょう》の従者である四郎は諸国の土産を集めて多くの蓄えがある人物で、そこには各地の土産が列記されている。『庭訓往来』は南北朝期成立の往来物で、各月ごとに往返の手紙を配しているが、四月の返書には各地の名産品が並べられている。

「よしなしごと」は歌枕をふまえた名産品が挙げられている点に特徴がある。歌枕や名所にちなむ名産品は各種の文学作品にもよくみえ、和歌や歌枕と名産品の関係に留意する必要がある。『新猿楽記』は受領の従者という設定に基づき、すべて国名が品物の前に記されている。一方、『庭訓往来』は国名のみでなく、京周辺の地名がついた名産品も挙げている点に特徴がある。また、室町時代から近世初頭にかけて作られた『御伽草子《おとぎぞうし》』は、当時の民衆の富の獲得願望を主要なテーマとしており、叙述の中に富の象徴としての名産品が記されている。

もう一つ地域の名産品を示す史料として重要なのが『延喜式《えんぎしき》』（延長《えんちょう》五年〈九二七〉完成）である。これには諸国から朝廷に対して、庸《よう》・調《ちょう》・中男作物《ちゅうなんさくもつ》・贄《にえ》として貢納された物が網羅的に記されており、古代における名産品の内容がよくわかる。また、名産品は日記や古文書などにも荘園の年貢・公事《くじ》、贈答品、商品として多くみえる。

水産物の贈答

本書の最初で柳田国男の「のしの起源」を紹介したが、そこでは贈答品として、海産物が精進中など特定の場合を除いて必須であったことが述べられている。柳田はこの論考で海産物を中心に述べているが、川や湖沼で採られる魚も中世には食品や贈答品として重要な位置を占めていた。古代・中世の首都であった京の場合は海から離れているので、周辺の琵琶湖や淀川・宇治川・桂川で採られた鮎・鯉・鮒《ふな》はたいへん重要であった。いずれにせよ、海産物を含めた水産物は盛んに食べられたり、贈答されていた。そこで本章では中世における水産物の贈答や水産物と初物・名産品との関係に検討を加えていく。

次ページの表6に「よしなしごと」、『新猿楽記』『庭訓往来』にみえる名産品の中から水産物と果物・木の実・菓子を種類別に整理した。また、『延喜式』には水産物の貢納に関する多くの記事がある。『延喜式』の貢納品と同じ水産物が中世や近世、さらには現在でも贈答されているケースもよくみられる。

水産物に限ったことではないが、ものそれぞれに独自な機能や効能があり、賦与されたイメージがある。こうした点が贈答・消費されるものを選択する要因になっている。それゆえ、各水産物ごとの機能・効能・イメージが贈答に及ぼした影響を考慮する必要がある。また、いうまでもなく水産物は漁場で漁獲・採取され、漁業権が設定されているのが普通である。漁場では漁獲対象に応じて特定の漁法が行われ、その結果として水産物が漁獲・採取される。

表6　菓子と水産物の名産品

	「よしなしごと」	『新猿楽記』	『庭訓往来』
魚		近江鮒・越後鮭・周防鯖・伊勢鯛・伊予鰯	越後塩引・周防鯖・近江鮒・淀鯉・松浦鰯・夷鮭
貝類など		備前海糠・隠岐鮑	隠岐鮑
海草	丹後和布(天の橋立)・甘海苔(出雲の浦)	丹後和布	宇賀昆布
果物	信濃梨・うべあけび(みちくのしま)・柑子橘(こ山)	信濃梨子・美濃柿	
木の実	枝栗(いかるが山)・若狭椎(三方郡)・松の実(かけたかね)	丹波栗・若狭椎子	鞍馬木芽漬・若狭椎・宰府栗
菓子	賀茂糫(三の橋)	尾張粔	

では、漁獲・採取された水産物は贈り主のもとにどのようにして届くのだろうか。漁業権は領主から与えられるものであり、その代償として水産物が上納されていた。そして、領主は上納された水産物をほかの人に贈り、それがさらに別人に贈られていく。これが領主レベルで行われる贈答の一般的なパターンであり、漁業権の賦与は贈答の前提をなすものである。一方、領主レベルでも所領からの上納ですべての水産物を獲得できるわけではなく、市場からの購入に頼る場合も多かった。まして、所領を持たない都市の住民は購入するしか方法がなく、このため、京などの都市には大量の水産物が商品

として流通していた。

『兵庫北関入船納帳』と海産物

室町時代に瀬戸内地方から京を中心とする畿内に入ったものが網羅的に判明する史料に『兵庫北関入船納帳《ひょうごきたせきいりふねのうちょう》』がある。これは奈良の東大寺が兵庫北関（神戸市）で、文安《ぶんあん》二年（一四四五）に徴収した関銭に関する記録で、船舶の本籍地、船主、積荷の内容や量などが記されている。この帳面に関しては多くの人の研究があるが、今谷明氏は積荷の内容や船籍地などに関して研究を行い、その中で海産物についても分析を加えている（集英社版『日本の歴史九　日本国王と土民』）。この帳面の記載や今谷氏の分析により、瀬戸内の海産物の流通の実態が判明し、水産物の贈答を考えるうえでも重要なので、この点に関して簡単に整理しておこう。

今谷氏は積荷として、鰯・小鰯・赤鰯・鯔《ぼら》・鯖・鰺・干鯛《ひだい》・塩鯛・鰒《ふぐ》・海鼠《なまこ》・海月《くらげ》・海老・烏賊《いか》・蟹・アラメ（荒布・滑海藻）を挙げ、なかでも鰯が圧倒的な量を占めると指摘したうえで、鰯の大量流入は京の人々が副食として鰯を常用していたことの反映と推測している。また、海鼠が鰯に次ぐ量であることも指摘している。さらに相物《あいもの》（合物・間物とも、干物と塩物の総称）と生物《なまもの》の相違にも注意を向け、干鯛と塩鯛を高級魚と位置づけている。

海糠と海老

この今谷氏の分析を補足しよう。今谷氏は海老を一般的な海老と解しているが、表6の『新猿楽記』に備前海糠《あみ》が挙げられている点が注目される。

海糠は海老に似た大きさ二〜三チセンの生物で、塩辛・佃煮にするほか、魚の餌としてもよく使用され、東京湾・浜名湖・伊勢湾が主な産地である（『日本国語大辞典』）。『兵庫北関入船納帳』では海老を積荷としている船の船籍地は番田・八浜《はちはま》・連島《つらじま》である。番田・八浜（ともに岡山県玉野市）は備前国児島にある港、連島（倉敷市）は備中に属すが、児島のすぐ近くにある港である。児島・連島ともに現在は陸続きとなっているが、中世には島であった。

歌人西行は児島に渡り「糠蝦《あみ》」を採っているのをみて、「立て初《そ》むる糠蝦採る浦の初さをは罪の中にも優れたるかな」という和歌を詠んでいる（『山家集《さんかしゅう》』）。この和歌によって、児島では海糠漁が盛んであったことがわかり、これらの港から積み出された海老は海糠となる。海糠は現在の生物学では海老とされていないが、海老に似ているので、『兵庫北関入船納帳』では海糠を海老と表現したのである。

海糠と海老については、永正十三年（一五一六）に室町幕府が出した法令にも記載がある（室町幕府追加法三九三―三九五条）。この法令は近江粟津《おうみあわづ》座と摂津今宮《せっついまみや》四座の魚商人による商売のやり方を定めたもので、三ヵ条からなる。第一条では両座に対して「海河魚貝物幷鎰物以下」は洛中洛外で商売をすることを認めている。これらは水産物を分類しているものだが、鎰物とは何のことだろうか。鎰はカギと読むが、現在でも使われているカギの一種に、海老錠と呼ばれるものがある。これは半円形に曲がったカギを扉などに指して使用するもので、曲がった形からの連想により海老錠と呼ばれている。よって、鎰物とは海老を指し、魚や貝とは別分類にされていたのである。

第二条では粟津座の扱う商品は魚棚《うおだな》で、ほかの商人と売買を行うように定めている。粟津座とは琵琶湖の南端に位置する粟津・橋本（ともに大津市）を根拠とした供御人が結成している座のことである。彼らは粟津橋本供御人と呼ばれ、京の六角町にある店で商売をしていた。棚とは元来は商品を載せる棚を指し、転じて店舗を意味する。現在でも板の上に魚を載せて、売買を行なっている風景がみられるが、これがまさに棚であり、彼らももともとはこうした形態で商売をしていたのかもしれない。この条項の主眼は彼らの商売を六角町における卸売に限定し、直接消費者に小売をすることを禁止することにあった。彼らは琵琶湖沿岸という土地柄、もともとは鯉や鮒を扱っていたが、次第にほかの魚介類も扱うようになり、しかも小売まで行うにいたったため問題になっていたのである。

第三条では今宮四座の商売物は擁剣《がざみ》（ワタリガニの一種）・蛤《はまぐり》・編《あみ》・海老以外は禁止されている。今宮四座は摂津今宮神社（大阪市の今宮戎《えびす》神社）に属する供御人が結成していた座である。この条項では今宮四座が扱える商品は魚以外の四種に限定されている。また、編とは海糠を指すので、ここでは海糠と海老は区別されている。今宮は大阪湾に面するの

図14　長櫃に入った擁剣・貝など水産物の上納（『石山寺縁起』より）

で、この編も備前から運ばれた海糠と考えられ、それを京に運んで商売をしていたのである。第二条の付帯条項では粟津座による鎰物の商売を禁止するとあるので、粟津座が鎰物つまり海老や海糠までも扱うようになったので、今宮四座との間で対立が起き、幕府により裁定がなされ、両者の間で棲み分けがなされたのである。

では、『兵庫北関入船納帳』にみえる魚は誰が扱ったのだろうか。瀬戸内から京まで運ぶには日数がかかるので、生のままでは無理であり、干物か塩漬けにせざるをえない。こうした加工品を塩合物と呼ぶが、それらは京の南の淀にあった魚市が扱うことになっていた。兵庫を経由し、その後、淀川を遡って運ばれた塩合物は淀の魚市で売却されていた（小野晃嗣『日本中世商業史の研究』）。今宮四座が扱った四種は魚ではないので、淀の魚市では扱わず、ここでも棲み分けがなされていたのである。結局、瀬戸内から運ばれた魚介類は海糠や蟹（擁剣）は今宮四座、その他は淀の魚市が扱っていたとみられる。淀の魚市も卸売市場であり、そこで小売商人に売却されていたのである。こうした魚介類の流通を前提として、次節以降で魚介類と贈答や宴会の関係について、述べていこう。

琵琶湖の魚の贈答

琵琶湖の鮒の献上

京のすぐ近くにある琵琶湖《びわこ》は京への水産物の供給地となっていた。『新猿楽記《しんさるがくき》』、『庭訓往来《ていきんおうらい》』はともに近江《おうみ》の名産品として近江鮒《ふな》を挙げ、『延喜式《えんぎしき》』には近江から貢納される贄《にえ》として、氷魚《ひうお》・鮒・鱒《ます》・阿米魚《あめのうお》が記されている。古代以来、琵琶湖には朝廷や神社と結びついた供御人《くごにん》や神人《じにん》が存在し、魚を貢納する代償として湖内において自由に漁業ができる特権を与えられていた。なかでも先に述べた粟《あわ》津《づ》・橋本・堅田《かたた》・菅浦《すがのうら》・安曇《あど》川などの供御人・供祭人《くさいにん》・神人は中世に湖上で多彩な活動をしていたことで知られている。

琵琶湖には多種類の魚が生息するが、室町時代にはいかなる種類の魚が贈答されていたのだろうか。『年中恒例記』によれば、正月十一日に京極氏は白鳥と初鮒二十、六角氏も初鮒を献上している。室町時代の近江守護は京極氏が江北三郡（浅井・伊香《いか》・坂田）、ある時期にはこれに加えて犬上《いぬかみ》・愛智《えち》郡、それ以外の地域は六角《ろっかく》氏が務めており、初鮒の献上は守護としての象徴的な行為であったと思われる。初鮒とはその年に最初に捕れた鮒を指し、正月の最初の漁の際に捕れた鮒が京極・六角氏に献上され、それがさらに将軍に献上されたと考えられる。

献上のコースとしては、①守護領からの公事《くじ》としての貢納、②守護の家臣からの献上、③近江国内の寺社からの献上などが考えられる。これらのいずれにせよ、初鮒の献上は琵琶湖の領有権を究極的には守護が握っていることを示すものである。もちろん、個別の漁業権は琵琶湖沿岸に住む供御人や神人などが持っていたが、守護による琵琶湖支配の指向性に反応して、沿岸の人々の中には守護の被官となり、守護と関係を結ぶ人も存在し、そうした人々から初鮒が献上された可能性がある。

精進解《しょうじんとき》の贈答で利用した『親元日記《ちかもと》』は、武士などによる幕府への献上に関する記事が豊富であり、近江の武士による琵琶湖の魚の献上の内容がわかる。その実例を次ページに表7として挙げたので、これによって検討を加えよう。献上される魚の種類は鮒と鯇《あめ》である。佐々木四郎が正月十三日に初鮒を献上しているのは、京極・六角氏と同様で時期も同じであり、近江の領主の特性といえよう。

表7　『親元日記』における近江産の魚の献上

献上年月日	献上者	献上品	備考
寛正6.5.4	武庫御被官江州速水	鮒鮨荒巻10	
文明5.7.29	朽木弥五郎	鮎鮨2桶・茶50	八朔御礼
文明5.9.12	円明坊兼證	鯇10	
文明5.9.13	朽木弥五郎貞綱	鯇10	
文明5.10.28	佐々木田中	鱈5	
文明13.1.13	佐々木六郎	初鮒20	御方御所に白鳥1・鮒20、親元に鮒10
同上	多賀兵衛四郎	雁2・鮒10	貴殿に進上
文明13.1.27	伊庭	鮒生成10	
文明13.4.22	佐々木田中四郎五郎	鮒生成30	貴殿に進上
文明13.7.17	六角	鮎鮓20桶	貴殿に進上
文明13.7.28	佐々木田中貞信	鮒鮓20・貝鮑50	
文明13.7.29	朽木	茶50袋・鮎鮓2桶	御私へ
文明13.9.23	朽木	鯇20	
文明15.1.12	多賀兵衛四郎	雁2・鮒10	
同上	佐々木六郎	鮒20	御方御所に白鳥1・鮒20、親元に鮒10
文明15.1.13	佐々木田中四郎五郎貞信	雁2・鱈5	
文明15.1.21	六角四郎高頼	白鳥1・雁3・鮒鮓荒巻10・御捶10荷	御方御所に進上
同上	六角四郎高頼	ひしくい3・とり10・ふなすし荒巻10・御たる10荷	上さまに進上
同上	六角四郎高頼	雁2・鮒鮓荒巻10・捶5荷	親元に進上
文明15.4.19	六角	鮒鮓	公方様・御方御所様・上様各100(各入桶2)、親元に50(1桶)
文明15.4.24	御被官横山三郎左衛門尉	鮒鮓10	文明17.10.22に江州横山とあり
文明15.5.11	六角	白鳥1・鱒10・柳5荷	
文明17.5.2	六角	鮒鮓	三御方に各100進上、白河へ50
文明17.8.1	佐々木田中	鯇20・鮒鮓	御私へ

堅田鮒

室町時代において近江の鮒が名産品であったことを象徴的に示すのが、『御伽草子』の「猿源氏草紙」にみえる記述である。近江の堅田から都へ出かけて、鮒を売っていた男が、ある時、内裏《だいり》に売りに行ったところ、今出河の局という上臈《じょうろう》に一目惚れをした。そこで男は鮒を今出河の局に差し上げ、焼いてもらうように、お付きの女房に頼んだ。そして、鮒を焼くと、腹の中から男の手紙が出てきて、それに感じ入った今出河の局は男に契り、「いにしへは　いともかしこき　堅田鮒　包み焼きたる中のたまづさ」という歌を詠んだという。

これと同じ和歌は鎌倉後期成立の『夫木和歌集《ふぼくわかしゅう》』に収められており、これ以前から堅田の鮒が京で有名であったことを示している。堅田は鴨御祖社《かもみおやしゃ》（現在は下鴨社）の御厨《みくりや》で、その住人は同社の供御人となり、琵琶湖全域で漁ができる特権を与えられていた。その主要な漁獲対象は鮒であり、それが京に流通していた。もちろん、鮒を捕っていたのは堅田の供御人のみではなかったが、琵琶湖全体の漁民の中での地位は高く、それゆえ堅田の鮒が和歌に詠まれるほど有名になったのである。「猿源氏草紙」は堅田で獲った鮒を売って、財をなす者がいたことを暗示している。近江の鮒は公家だけでなく、京に住む人々も日常的に食していたものであり、「猿源氏草紙」の話はその反映でもあった。

ところで、堅田など琵琶湖の漁民はどのようにして鮒を獲っていたのだろうか。堅田は堅田四方とも呼ばれ、北ノ切・東ノ切・西ノ切・今堅田から構成されていた。近世には西ノ切では大網・小糸網・鳥猟、今堅田は小番城《こばんぎ》とも呼ばれ、主に釣漁、特に流し釣（延縄《はえなわ》釣）を行なっていた点に特徴がある。これに対して、東ノ切は天正《てんしょう》十年（一五八二）以前には伊崎《いさき》に進出して漁場を設定し、伊崎立場《たてば》漁師とも呼ばれていた。伊崎は織田信長《おだのぶなが》で有名な安土城の近隣の地名で、琵琶湖に突き出した岬の山上に現在も伊崎不動がある。その南側には琵琶湖から入り込んだ小さな湖（内湖）があり、そこが伊崎立場漁師の漁場であった。そこでは、天正十七年には葭巻《よしまき》と呼ばれる漁が行われていた。葭巻とは葭を水中に沈めて、そこに集まる魚を採る漁法と思われる。このように、堅田では多様な漁が行われ、これらは技術的にも先端的なものであったと考えられる。結局、堅田は琵琶湖における特権的な漁業権に加え、先端的な漁法も駆使して、鮒を捕っていて、それが堅田鮒の名声を生む要因となったのだろう。

一方、琵琶湖では魞《えり》と呼ばれる漁具を利用した漁が行われていることが一般に知られている。魞は魚が障害物があると、それに沿って進んでいく性質を利用して、湖上に竹で作った簀《す》を並べて、先端部分に魚を追い込み、捕獲する漁具である。琵琶湖では古墳時代の魞の遺構が発掘されており、鎌倉中期には湖岸にある大嶋・奥津島神社に供物《くもつ》（供祭）を捧げるための魞が設けられていて、同時に一般の百姓も魞を設置していた。また、先に述

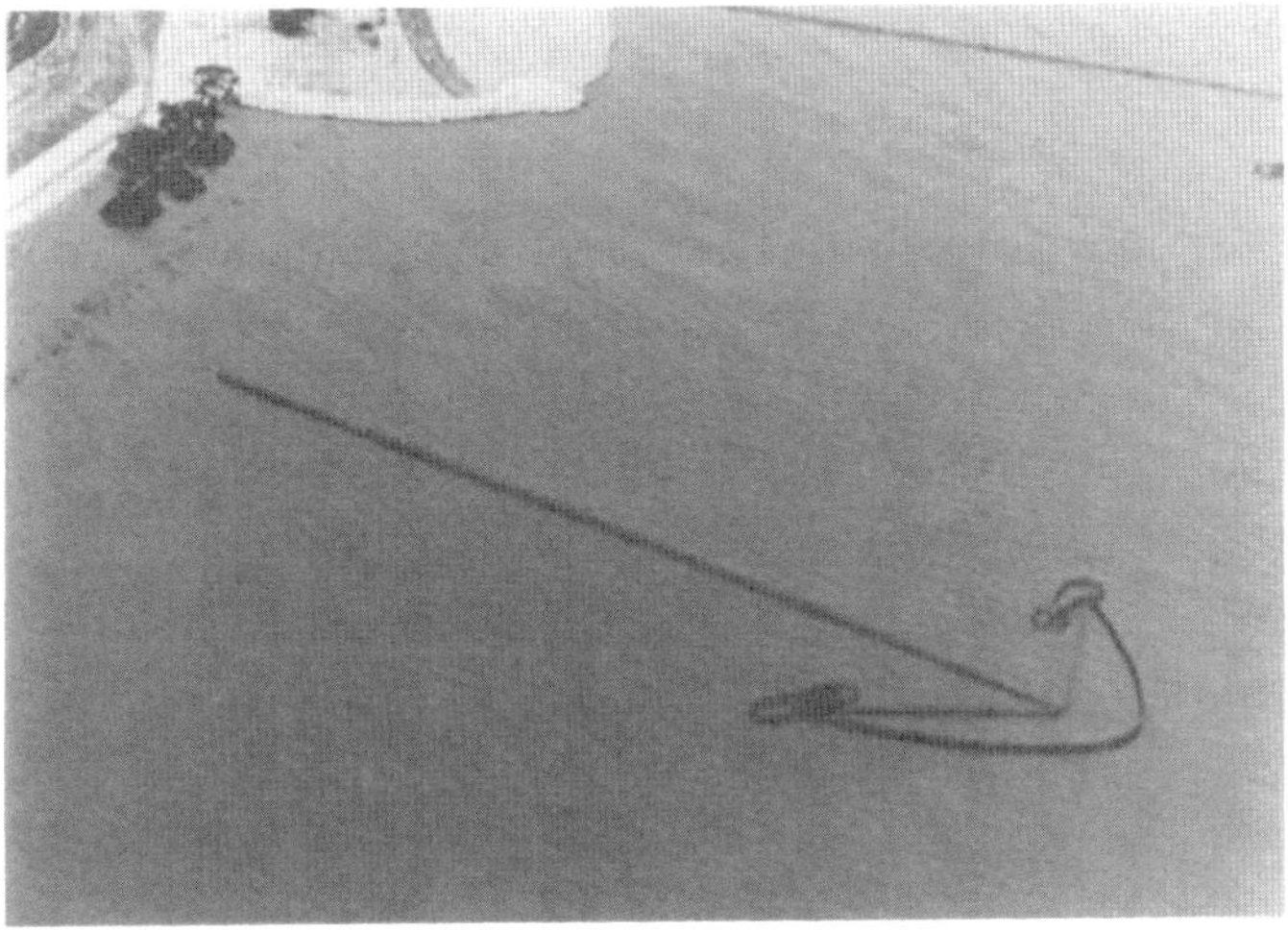

図15　現在の魞（滋賀県草津市下物町）

べた安土付近の内湖沿岸の村落でも豊臣期には魞漁が行われていたことが確認できる。魞の主要な漁獲は鮒であり、中世から琵琶湖一帯に広まっていたのである。

鮒鮨の献上

『親元日記』にみえる鮒鮨《ずし》の献上者は、六角・佐々木田中・伊勢氏被官横山・武庫（斯波氏）被官速水氏である。また、六角氏の重臣伊庭氏や佐々木田中四郎五郎は鮒生成《なまなり》を献上している。この鮒鮨や鮒生成はどのようなものであろうか。琵琶湖の鮒鮨は現在も名産品として知られ、湖岸の各地の店で販売されている。

冷凍という保存手段が存在しなかった中世においては、獲った魚に何らかの加工をして、保存する必要があった。主な保存手段としては干物・塩漬・鮨があり、塩漬した魚を塩合物、干物・塩漬を総称して合物《あいもの》（相物・間物）と呼んでいた。京には遠隔地から大量の魚介類が運ばれていたが、その多くは合物であった。中世の史料には「鯛無塩《ぶえん》」のように、塩漬ではなく生であることを明記している場合もあり、鯛のような海の魚の場合は生であることが珍しかったことを物語っている。ほかの保存方法としては、浦上氏による伊勢氏への鯛酒浸《さかびたし》一桶（文明十三年四月七日条）の献上の事例がある。これは鯛を酒にひたして桶に入れたもので、同様の事例がほかにもある。浦上氏は播磨の武士なので、この鯛は播磨灘で獲れたものと思われる。

これに対して、近江の鮒の場合は京に近いので、生のままで京に運ぶこともあったが、やはり保存する必要があり、鮨にされていた。鮒鮨は現在の鮨とは異なり、鮒の内蔵を出して塩漬けにして自然発酵させた、いわゆるなれずしで、強烈な匂いがすることで知られる。生成は十分に熟れていない半熟の状態の鮨のことで、鮒鮨よりも短い期間で作られる。『殿中申次記』では、佐々木四郎三郎が例年生成を進上したと記されているが、それには「ナマナリ、小鮒ノ事也」とあるので、生成は一般の鮒鮨よりも小さな鮒で作っていたらしい。

『親元日記』をみる限り、鮒自体の献上は正月の初鮒以外には行われず、鮒鮓や生成という形で行われている。鮒鮨の献上日は正月以外にはおおむね五月から八月までであり、この頃に鮒鮨ができあがることを示している。鮒鮨は文明十五年（一四八三）四月十九日条によれば、一つの桶に五十の鮓が入っていた。この桶は単なる運搬用の入れ物ではなく、鮒鮨をつけ込んでいた桶をそのまま持ってきたものと思われる。桶は日本では室町時代に入り普及したもので、それ以前は曲物《まげもの》が使用されていた。鮒鮨自体は古代から存在するが、曲物から桶への転換が鮒鮨の製法や味、さらには献上や流通に与えた影響を考える必要がある。現在、寿司屋では鮓を桶に入れて配達するが、その源泉は室町時代の鮒鮨の桶であったと思われる。

魞と鮒鮨

弘安《こうあん》六年（一二八三）には奥島百姓が神事にあたり、鮨・切魚・酒を用意することを定めている（大島奥津島神社文書）。この鮨や切魚は先に触れた魞で獲った鮒を加工したものと考えられ、鮒鮨は本来は神への供物であった。こうした神への供物が室町時代には贈答品として一般化していたのである。

魞で獲った鮒をめぐる相論として興味深い事例がある。琵琶湖の北に大浦下庄という荘園があり、室町時代には松平氏が代官を務めていた。松平氏は三河《みかわ》出身の伊勢氏被官で、徳川家康はその一族の子孫にあたる。寛正《かんしょう》四年（一四六三）に大浦下庄の百姓は代官松平益親を訴える申状を差し出した。これには益親が行なったさまざまな非法が記されているが、その中に魞に関する記述がある。百姓の主張によれば、魞は昔から五所・八幡社の神事に供える魚を獲るためのものであったが、益親は魞を差し押さえて、魚を取って鮨にさせ、二、三十人の人夫を徴発して京に送らせたという。

この申状の記述は大嶋奥津島神社の場合と同様に、魞で獲った魚は神に捧げるものであったことを示している。この魚は鮨にしていることから鮒であり、京に送らせた鮨は主人である伊勢氏への献上品とも考えられるが、『親元日記』には松平氏による鮒鮨の献上に関する記事はないので、京で売り払ったとみられる。鮒鮨は商品としての需要も多かったとみられ、それに目をつけた益親は神事用の魞から鮒鮨を作らせて、利益を挙げることを図ったのだろう。代官による飽くなき利益の獲得は鮒鮨にまで及んでいたのである。

鯇の献上

鮒以外には朽木《くつき》氏や佐々木田中氏が鯇《あめ》を献上している。ほかに鯇を献上している円明坊兼証は山門の有力な門徒で、幕府との密接な関係に基づき、献上したのだろう。鯇とは『延喜式』にみえる阿米魚のことで、一般に「あめのうお」と呼ばれ、古代以来の琵琶湖の特産品であった。別称はビワマス（サケの一種）で、体長六〇センチ《セン》《チ》になり、背は蒼黒色、腹は銀白色で、十一月頃川を遡上して産卵する、鮒に比べると大型の魚である。鯇の献上時期は八月と九月である。『年中恒例記』によれば、初鯇が佐々木四郎三郎によって八朔《はっさく》に献上されているが、これは八朔の直前に鯇漁が開始されていたことを物語っている。佐々木四郎三郎とは『親元日記』で鯇を献上している佐々木田中四郎五郎と四郎の名前が一致するので、同じ佐々木田中氏のことであろう。ところで、守護の六角や京極氏ではなく、佐々木田中氏や朽木氏が鯇を献上しているのには、いかなる理由があるのだろうか。

佐々木田中氏は南北朝期以後、安曇《あど》川御厨の代官職を務め、室町時代には安曇川供祭人が集住していた船木北浜（安曇川河口）の地頭であった（網野善彦「近江国船木北浜」『網野善彦著作集』第十三巻）。安曇川御厨とは平安時代に成立した賀茂別雷《いかずち》神社（上賀茂社）の御厨のことで、その住人は同社の供祭人となって供物（供祭）を捧げ、安曇川のみでなく、琵琶湖での漁業権を保証されていた。これらのことから、佐々木田中氏は安曇川御厨の代官職としての権限により、安曇川供祭人から鯇を上納させ、それを将軍に献上したと考えられる。

では、安曇川の供祭人はどのようにして鯇を獲ったのだろうか。安曇川には簗《やな》や川魞が仕掛けられ、鯇や鮎が獲られていた。簗は川に杭を打ち込んで、水をせき止め、一部分をあけて簀を張り、そこに入った魚を獲る漁である。また、琵琶湖南岸に注ぐ野洲《やす》川でも簗が設置され、同川の近くにある三上（御上）神社に供祭として鯇が上納されていた。鯇は七月頃が味がよく、十月中旬から十一月下旬の産卵期はまずいという（高橋昌明『湖の国の中世史』）。鯇の献上時期が八・九月であるのは、産卵期以前のものを食すためと考えられる。

佐々木田中氏同様に鯇を献上している朽木氏は安曇川上流の朽木谷を本拠としていた国人である。よって、この鯇も安曇川に設置された簗で獲られたものであろう。朽木氏が八朔御礼として献上している鮎鮨も同じく安曇川の簗で獲ったものを加工したものと思われる（『親元日記』文明五年七月二十九日条）。

日本海側の水産物の贈答

越後鮭の献上

川魚の代表的存在は鮭《さけ》であり、贈答事例も数多い。鮭は日本海側では筑《ちく》前《ぜん》の遠賀《おんが》川、太平洋側では上総《かずさ》の夷隅《いすみ》川まで遡上し、かつては各地で鮭漁が盛んであった。『延喜式《えんぎしき》』では越中の中男作物《ちゅうなんさくもつ》として、鮭楚割《そわり》（すわやり）・鮭鮨・鮭氷頭《ひず》・鮭背腸《せわた》・鮭子、越後の中男作物として、鮭内子（ココモリ）・鮭子・鮭氷頭・鮭背腸が定められ、それ以外の国では鮭の貢納は規定されていない。つまり、越中・越後の両国が鮭の貢納国となっていたのである。

楚割とは魚肉を細く裂いて乾燥したものである。氷頭は鮭などの頭部の軟骨を削ったもので、氷のように透明であることからその名がついたという。内子とは子籠《こごもり》のことで、塩引の鮭の腹に、子を塩漬にして詰め込んだものである。越後・越中は遠隔地のため、塩漬のような保存措置を取ることが必要であり、それゆえ多様な加工がなされ、朝廷に送られていたのである。

鮭の贈答例としては、『吾妻鏡《あずまかがみ》』にみえる事例が象徴的である。建久《けんきゅう》元年（一一九〇）十月十三日、佐々木盛綱は菊河宿（静岡県菊川市）で小刀を副えて、鮭の楚割を折敷《おしき》に据えて、子供に持たせて源頼朝《みなもとのよりとも》に献上した。盛綱は「只今、これを削って食べたところ、たいへんうまかったので、早く召し上がり下さい」と言上した。この盛綱の言葉によれば、楚割とは鰹節のようなもので、それを削って食べるのが習慣であったことがわかる。では、この鮭はどこで獲られたものであろうか。

盛綱は建久五年二月十四日にも生鮭二つを頼朝に献上している。『吾妻鏡』には「越後国所領土産」とあるので、この鮭は盛綱の越後の所領で獲られたものであり、建久元年に献上した鮭も同じであろう。盛綱は文治《ぶんじ》五年（一一八九）七月に開始された奥州合戦に従軍している。また、同年十二月には義経《よしつね》・義仲《よしなか》、藤原秀衡《ひでひら》の子が鎌倉に向かうという噂が奥州から届いたため、頼朝は北陸道に軍勢を派遣することに決定し、御書を小諸光兼・佐々木盛綱以下の越後・信濃国御家人に遣わしている。小諸氏は信濃国御家人、盛綱は越後国御家人の代表として名前が挙げられたと思われるので、盛綱は奥州合戦後に越後に所領を与えられ、越後国御家人となっていたのである。

この点からみて、建久元年における盛綱による鮭の献上は、奥州合戦の恩賞として越後に所領を与えられたことに対する頼朝への返礼的な意味があったと思われる。実際、奥州合戦直後の文治《ぶんじ》五年九月に、岩井郡を宛行われた工藤行光は同郡厨川《くりやがわ》で椀飯《おうばん》と酒を頼朝に献じている。椀飯は本来山盛りの飯を指し、鎌倉幕府では正月三ヵ日に御家人が将軍に捧げたものだが、この場合は所領宛行《あてがい》のお礼として献じたものであり、盛綱の場合も同様の意味を持つ。なお、この献上には上洛途中の頼朝に対する駄餉《だこう》（外出先での食事）の献上としての意味もあったと思われる。

ところで、建久五年の場合は生鮭と記されているので、塩引ではなく、生の鮭が献上されているが、二月という時期からみて、雪で冷凍して鎌倉まで送ったのだろう。いうまでもなく、塩引よりも生の鮭の方が新鮮であるので、盛綱は頼朝を喜ばせるため、わざわざ生鮭を献上したのである。

山野河海の生産物の取り分

越後の鮭に関しては、次の事例も興味深い。長寛《ちょうかん》三年（一一六五）に越後国司は金剛心院《こんごうしんいん》（鳥羽《とば》院が鳥羽に建立した寺院）の荘園と国衙《こくが》との相論に裁定を下し、荘園に対する国衙の干渉をやめさせると同時に、荘園の境界を流れる瀬波《せなみ》川は国領（国衙領）で、そこで行われる鮭漁は重要な税なので、荘園側による妨げを禁止している（南部文書）。瀬波川は荘園の境界にあり、荘園側が領有権を主張するのはある意味では当然であるが、鮭の漁場であるという重要性により、国衙による領有権を再確認したのである。越後においては、鮭は重要な収入源であり、鮭の獲得をめぐって、国衙と荘園の間で争いがあったことを物語っている。

盛綱が所領から得た鮭に関しても、国衙または荘園側と争いが発生していたと思われる。鎌倉幕府の成立、特に承久の乱後には新たに多くの地頭《じとう》が国衙領や荘園に設置され、年貢や公事《くじ》の収納が問題となっていた。鎌倉幕府はまず元久《げんきゆう》元年（一二〇四）に国司の訴えに応じて、①山海狩漁は国衙が定めた役に従うこと、②塩屋所当は地頭が三分の一を取ること、③節料焼米《せちりようやきごめ》は国司の得分とすることを定めた。③の節料焼米に関しては、後で詳しく検討する。

①は山での狩猟や海での漁は国衙が従来から規定した税を納めることを意味し、地頭による収納は認めなかった。これはもちろん川での漁にも適用され、越後においては鮭は国衙の収入とされたはずである。②の塩屋は塩を焼く小屋のことで、要するに塩年貢の三分の一は地頭が収納することが認められたのである。この規定が実際に適用されている事例として、安芸《あき》国都宇《つう》・竹原庄の事例がある。同庄の地頭は相模出身の小早川氏で、貞応《じようおう》二年（一二二三）六月に、庄内の多様な年貢や公事などの配分内容を記した注文が荘園領主賀茂社により作成されている（小早川家文書）。

これによれば、田畠に関する反別五升の加徴米《かちょうまい》、反別二升の栗林地子《じし》以外はすべて地頭が三分の一を取ることになっていて、その一つに塩浜地子がある。塩浜地子とは塩浜という土地が生み出した子、要するに生産物または収益を意味し、塩年貢という点では塩屋所当と同様である。また、「度別厨」における乃米《のうまい》・白米や「麦畠厨」における白米・舂《つき》麦・荒麦、「沙汰人等曳出物絹」の配分も同様の比率である。この「度別厨」「麦畠厨」や「沙汰人等曳出物絹」はどのようなものであろうか。

厨は本来の意味は台所だが、転じて宴会を意味する。「度別厨」は乃米（玄米）と白米が配分されていることから、米の収穫を祝って行われる宴会であろう。また、度別とは複数回の厨が行われたことを意味するので、米の収穫祝い以外の機会にも何度か宴会が行われたと思われる。一方、「麦畠厨」は麦が配分されているので、麦の収穫祝いの宴会と思われる。米と麦の収穫の際には、領主と百姓が共に参加する宴会が行われ、収穫の一部を公事として領主が取得し、地頭は三分の一を獲得することを認められたのである。

これに対して、「沙汰人等曳出物絹」は百姓の代表者である沙汰人が、領主やその代官が荘園に来た時や帰る時に贈る絹のことであろう。荘園領主と地頭がまったく同時期に荘園に来ることはありえないので、もともと荘園領主側に贈られていた絹が二対一に配分され直し、荘園領主は元の絹の三分の二、地頭は新たに三分の一を取得するようになったと考えられる。ほかに桑や苧麻《ちょま》なども同様の比率で配分されていて、元久《げんきゅう》元年に幕府が定めた規定が塩屋所当以外にも拡大されて適用されていたようである。

山野河海の得分の折半

承久《じょうきゅう》の乱後の貞応二年（一二二三）七月に、幕府は山野河海における得分（収入）は地頭と荘園領主・国衙の間で折半するという原則を規定している。これは新たに補任された新補地頭に適用されるもので、元久元年の規定より地頭には有利になっている。つまり、幕府の規定上では、山野河海に関する地頭得分は新補地頭に関しては二分の一となっていた。こうして、新補地頭は山野河海からさまざまなものを合法的に獲得できるようになったが、荘園領主や国衙はこの規定を簡単には受け入れることはなかった。

嘉禎《かてい》四年（一二三八）に、京嵐山《あらしやま》の松尾神社の所領丹波国雀部庄《ささいべ》（京都府福知山市）で、地頭との間で相論が発生した（鎌倉遺文五二一五号）。相論の内容は多岐に及ぶが、その一つが「日次供祭魚《ひなみくさい》」に関するものであった。庄内の鵜飼《うかい》たちは由良川《ゆら》（天田川《あまた》）で獲った魚を贄《にえ》として、神社に捧げていたが、地頭は「山河半分之率法」と称して、贄魚を奪い取ったという。「日次」とは毎日という意味であり、一日も欠かさず、松尾社の神に魚を捧げるのが原則で、その魚は贄魚と呼ばれていた。魚は鮎と鮭で、鵜飼で鮎を捕獲していた。庄内を流れる由良川は日本海に注いでいたので、鮭が遡上していて、網で獲っていたと思われる。

鮭が神への供物《くもつ》とされていた事例はほかにもある。伊勢神宮には越中国射水御厨《いみずみくりや》から御贄鮭百と生鮭五十隻、同国弘田御厨から鮭三十隻、信濃国麻績《おみ》御厨から上分《じょうぶん》鮭百五十尺と鮭三十隻、越後国色鳥《いろどり》御厨から鮭（鎌倉遺文六一四号・三二八六六号）、越前の気比《けひ》神社（福井県敦賀市）には貢神鮭と人料鮭が貢納されていた（鎌倉遺文一九四五号）。上分とは神への供物ということで、贄や供祭と同じ意味である。気比神社の場合は貢神鮭と人料鮭とあるように、神と人に区別して貢納をさせていた。伊勢神宮の場合も贄や上分とあるのは神への供物で、単に鮭とあるのは神官の収入にされていたのかもしれない。

さて、地頭の主張に対して、松尾神社の雑掌《ざっしょう》は源氏三代の下文に載せられている地頭得分に基づいて、漁を行うべきであり、魚を奪うことは許されないと述べている。源氏三代の下文《くだしぶみ》は承久の乱以前に出されたものなので、新補地頭に対する規定である「山河半分之率法」は適用されないというのが松尾社側の主張である。一方、地頭側は本来は適用外である新補率法を根拠に、川漁に進出して鮎や鮭の獲得を目指していたといえよう。同様の相論は各地で発生していたと思われるが、地頭は常に新補率法の適用を主張し、それがなしくずし的に広まっていった。実際、下地中分《したじちゅうぶん》では山野河海領域も中分されており、鎌倉中期以降の御家人の譲状では山野河海領域も譲渡対象になっているのは、山野河海領域の半分を地頭が獲得したことを如実に示している。これは国衙領の川にも拡大されたはずである。

鮭漁の地域分布

先に述べたように、鮭はかなり広い地域の川に遡上するが、中世にはどの地域で鮭が贈答され、流通していたのだろうか。まず、史料的に目立つのは、越後・越中であり、両国が中世における鮭漁の中心的な地域であった。弘安《こうあん》十年（一二八七）七月に越中国司は近年鮭が不漁なので、鮭五隻を絹一疋に換算して貢納したいと述べている（『勘仲記《かんちゅうき》』）。鎌倉後期でも越中の貢納品の代表は鮭であったのである。戦国時代には越後の上杉氏が鮭を贈っており、その伝統は継続している。

島津氏が地頭であった信濃国太田庄神代郷《かじろ》からは、島津氏に対して節季塩引鮭九尺と筋子十二が代官により上納されることになっていた（鎌倉遺文二二三九二号）。この鮭は庄内（旧長野県豊野町、現長野市）を流れている千曲川《ちくま》で獲られたものであろう。先に触れた伊勢神宮の麻績御厨は犀《さい》川水系に属すが、犀川と千曲川が川中島で合流し、越後に入ると信濃川に名前が変わる。つまり、鎌倉時代には信濃川上流の信濃国でも鮭漁が盛んだったのである。ちなみに、節季塩引鮭とあるので、この塩引鮭は節季用のものであった。鮭は旧暦八・九月頃から遡上するが、この節季は歳末・正月を指し、秋に獲ったものが塩漬にされ、年末に島津氏のもとに送られたのだろう。現在の民俗でも鮭は年末・正月用の贈答品

図16　利根川の鮭漁（『利根川図志』より）

である。

関東では近世には利根川で鮭漁が盛んであった。利根川沿岸の布《ふ》川（茨城県利根町）在住の赤松宗旦が近世後期に著した『利根川図志』には、鮭漁の様子が図入りで記してある。この利根川水系にあった伊勢神宮の相馬御厨が大治五年（一一三〇）に成立した際、寄進者平経繁（千葉常胤《つねたね》の父）との間で仲介を行なった荒木田延明の請文《うけぶみ》には、毎年塩引鮭百尺を納めると記されている（『鏑矢《かぶらや》伊勢《いせ》宮方《みやかた》記《き》』）。その後、建久三年（一一九二）に作成された伊勢神宮領注文によれば、相馬御厨の供祭物は上分布と御幣紙で、塩引鮭はみえない。とはいえ、これは伊勢神宮への貢納が行われなくなっただけで、鮭漁自体は継続して行われていた。実際、室町・戦国時代には利根川沿岸の領主は鮭を贈っている。たとえば、北浦が利根川に出るところに位置する鹿島神社の神主や大禰宜《おおねぎ》は盛んに鮭を贈っている。これは鹿島神社へ供祭物として貢納されたものを贈答用に転用したと考えられる。

さて、『親元日記《ちかもと》』で鮭を献上している武士は以下の通りである。富樫《とがし》・一色《いっしき》氏が鮭(寛正《かんしょう》六年十一月六日条)、武田氏が塩引を献上している(文明十三年四月二十五日条)。また、山名豊泰が初鮭(文明十三年九月二十五日条)、鮭を献上している(同年十月二十六日・十一月十八日条)。富樫は加賀、一色は丹後、武田は若狭、山名は但馬《たじま》を本拠とし、すべて日本海に面した国であり、これらの国を流れる川でも鮭漁が行われていたことがわかる。

節料焼米の本質

話をもどすが、元久元年(一二〇四)に鎌倉幕府が規定した条項に出てくる焼米とは、どのようなものであろうか。焼米とは一般に新米を籾《もみ》のまま煎り、搗《つ》いて平たくし、殻を取り去ったもので、やいごめ・いりごめともいう(『日本国語大辞典』)。この焼米と節料はどのような関係があり、なぜ地頭と国司の間でその収納をめぐって争いになったのだろうか。

『かげろう日記』には、九月に稲刈りをしている時に、作者はたまに来る人のために、青稲を刈らせて秣《まぐさ》にし、焼米を作らせたという記述がある。この記述から焼米は新米を焼いたもので、この時期の贈答品となっていたことがわかる。ほかの平安・鎌倉時代の史料によれば、焼米には次のような特徴がある。

まず、焼米は公事であり、摂津勝尾寺《かつおじ》文書の鎌倉時代の売券によれば、水田一反あたり、焼米一升と炭一籠を納入していた。伊勢国光明寺文書中の鎌倉時代の売券でも水田一反あたり、焼米一升が納入されていて、賦課基準は共通していたと考えられる。また、和泉国《いずみ》の春日社神人《じにん》は春日社に対して、節料焼米の納入を義務づけられていた。一方、平安後期の飛驒国《ひだ》では郷ごとに郷司の得分物が定められ、その中に焼米が含まれていた（平安遺文三四一〇号）。ほかにも焼米が公事であったことを示す史料があり、焼米は年貢ではなく公事であった。

公事は節供《せっく》や歳末など特定の時期に納入するものだが、焼米はいつ納入されたのだろうか。大和国杜屋庄から東大寺に納入した公事の送状が残されているが、その日付は七月十四日で、納入したものは焼米六升・瓜・茄子・枝大豆・枝小（大カ）角豆・根芋であった。また、日蓮《にちれん》宗の僧侶白蓮は八月二十四日付の書状で、「わせくり」と「わせやきこめ」を贈られたことを謝し、「聖人御影《しょうにんみえい》」に捧げると述べている（鎌倉遺文二二四六〇号）。こうした点から、焼米は新米を焼いて、神仏に供物として捧げるものであったことがわかる。七月十四日は盂蘭盆会《うらぼんえ》の日であり、まさに焼米はお盆に仏に捧げるものであった。

また、盂蘭盆会は畠作の収穫を祝う意味もあったと考えられており、実際に瓜・茄子《なす》・

豆類・芋はこの頃に収穫されるものである。一方、焼米も早稲焼米と呼ばれていることから、早稲の新米であり、米の収穫を祝う意味があったようである。つまり、盂蘭盆会は死者を弔うと同時に、米と畠作物両方の収穫を祝うものであった。では、なぜ節料焼米と呼ばれたのだろうか。節とは季節やものごとが改まる時期という意味もあるが、米や畠作物の収穫は年間の農業のサイクルで一区切りがついたことであり、まさに節というのにふさわしく、それゆえ節料焼米と呼ばれたのだろう。勝尾寺文書の売券で焼米とともに公事となっている炭は、前章でも述べたように、歳末の公事であり、歳末節料とも呼ばれていた。歳末はいうまでもなく、年が改まる時である。このように、焼米と炭はともに節料である点で共通し、節料の代表的な存在とされていたのである。

歳末節料も地頭による収納が問題となり、結局鎌倉幕府によって、収納が認められた点も前章で述べた。一方、焼米は荘園領主や国司・郷司が収納し、地頭による収納はこの時点では認められなかった。新米の収穫のためには、種籾の確保や用水の整備、田植の遂行に対する領主側の援助が必要であり、研究上ではこれを勧農《かんのう》と呼んでいる。焼米の収納は領主が勧農を果たし、その結果米の収穫が実現したことを祝福する意味が込められていたと考えられる。よって、地頭が焼米を収納することは、地頭が勧農を行う主体になったことを意味し、荘園領主や国衙の代表者である国司にとって、みずからの地位をおびやかすことになるため、反発を招き、鎌倉幕府に対して訴えが行われたのだろう。

焼米を八朔《はっさく》の時に作る民俗事例が多く残っている。八朔の目的に関しては先に述べたように諸説あり、①頼む人（武士の主人）に今後もよろしくという意味を込めてものを贈る、②稲の収穫祈願がある。この点はともあれ、以上の事例から焼米は早稲や収穫直後の米を焼いたもので、盂蘭盆会の際にも捧げられていた。このことから、焼米は稲の収穫と密接な関係があり、本来は収穫を祝うために神仏に捧げるものであった可能性が高い。焼米は贈答品ともなっているが、神仏への供物であったものが贈答品に転化することが一般的であり、焼米の場合も同じような過程で転化を遂げたのだろう。焼米を作る日は稲の実り具合に規定され、必ずしも一定の日に決まっていなかったが、鎌倉時代以降、八朔が盛んになるにつれて、焼米の贈答慣行と八朔の贈答が融合した結果、八朔の日に焼米が作られるようになり、それが現在の民俗に受け継がれたのではないだろうか。

能登畠山氏による海鼠腸献上

『親元日記』では、日本海沿岸の守護や武士による海産物の献上が目立つ。まず、能登《のと》守護で同国に在国していた畠山氏による献上品について検討しよう。畠山氏はしばしば海鼠腸《このわた》を献上している。海鼠腸とは海鼠《なまこ》のはらわたの塩辛のことである。『延喜式』（主計上）によれば、能登国から調として熬海鼠《いりこ》三百四十五斤、海鼠腸六十二斤八両が貢納されることになっていた。熬海鼠は海鼠のはらわたを取って、煮て干したものである。熬海鼠と海鼠腸は重量比では約五・五対一となっているが、海鼠腸は塩が入る分だけ重くなるので、はらわた自体はより量が少なく貴重なものであった。現在でも海鼠腸は珍味とされ、料理屋で注文するとかなり値段が張る酒の肴《さかな》である。『延喜式』ではほかの水産物は数量が記されていないのに、能登の熬海鼠と海鼠腸に限って重量が規定されているのは、重要性の現れといえよう。

『延喜式』では若狭《わかさ》・隠岐《おき》国の調として熬海鼠が定められているが、海鼠腸は全国で能登のみで、まさに能登の名産品であり、古代の伝統が室町時代にも受け継がれていた一例となる。戦国時代にも能登の畠山氏は海鼠腸をほかの大名に贈っており、海鼠腸は能登を象徴する海産物であった。『親元日記』でほかに海鼠腸を献上しているのは、能登国人寺岡氏、越中の国人神保長誠、加賀国の伊勢氏被官湯浅氏である。これによれば、越中や加賀でも海鼠腸が生産されていたようである。

瀬戸内の海鼠腸

『兵庫北関入船納帳《ひょうごきたせきいりふねのうちょう》』では摂津・播磨・備前、特に播磨の室《むろ》から大量の海鼠が運ばれていて、その量からみて貴族や武士のみでなく、京の町人も海鼠を食べていたと考えられる。このように瀬戸内地方でも海鼠は獲れるのに、同地方の武士からは海鼠腸や熬海鼠は献上されていない。もちろん、これ以外の地方でも海鼠は獲れる。つまり、その土地で獲れていても必ずしも献上品として選択されるわけではなく、畠山氏による海鼠腸の献上は古代以来の伝統に基づき、能登といえば海鼠腸という常識が固定化していたことに基づくのだろう。

しかし、献上自体は固定的なものでなく、新たな契機に献上が始まることもある。生駒《いこま》親正《ちかまさ》は正月に徳川家康《とくがわいえやす》に引田《ひけた》海鼠腸を贈っている（記録御用所本古文書）。生駒親正は豊臣《とよとみ》秀吉《ひでよし》の時からの讃岐《さぬき》国の大名である。引田（香川県引田町）は讃岐国内の地名なので、親正は自国内で生産された海鼠腸を贈っていたことがわかる。引田という地名がつけられているので、これ以前から引田の海鼠腸は名産品として確立していたのだろう。このように、新たな名産品の産地が生まれ、その名声が贈答により、さらに広まっていくこともあったのである。

背腸・鯖子

能登の畠山氏が海鼠腸以外に献上したものに背腸・鯖子がある。『延喜式』では能登の中男作物として鯖がみえ、海鼠腸同様に古代以来の伝統を引いた名産品といえよう。他国では周防《すおう》・讃岐・伊予・土佐の中男作物として鯖が定められている。『新猿楽記』と『庭訓往来《ていきんおうらい》』には周防鯖とあり、周防の鯖は名産品としての地位を確立していた。実際、『兵庫北関入船納帳』では周防楊井（山口県柳井市）の船が鯖十石を持ち込んでおり、周防の鯖は実際に京に流通していた。ただし、鰯や海鼠などほかの海産物に比べると量は少なく、流通量自体は少なかったと考えられる。

さて、畠山氏によるもう一つの献上品である背腸とは何であろうか。背腸は鮭などの背中に沿って付着する血のかたまり、またはそれで製した塩辛のことである。『延喜式』では、越中や越後の中男作物として鮭背腸がみえ、両国から鮭の背腸が貢納されていた。畠山氏の場合は、『親元日記』には「鯖子十桶、同背腸十桶」（文明十三年六月二日条）とあるので、鯖の背腸で、鯖は塩辛として保存されていたことを示している。

越前朝倉氏の献上品

越前の海産物といえば、現在では越前蟹が有名である。室町時代ではどのような海産物が贈答されていたのだろうか。越前の守護は室町初期からほとんど斯波《しば》氏が務めていたが、応仁・文明の乱の最中に朝倉孝景《たかかげ》の活躍により、実質的な越前一国の支配者となり、戦国大名として成長していく。『親元日記』には朝倉氏による献上がしばしばみられる。

まず、初物《はつもの》としては、文明十七年（一四八五）九月十七日に献上している初雪魚がある。雪魚とは鱈《たら》のことで、冬に獲られることから魚へんに雪がつけられている。現在も日本海で鱈漁は盛んであり、白身の魚の代表として人気がある。『年中恒例記』では若狭の武田氏も十月八日に初鱈を献上しており、九月から十月にかけて鱈漁が開始され、初物が献上されていたのである。

文明十三年正月三日に朝倉孝景は伊勢氏に歳暮美物《びもつ》として、鱈五・大蟹一・来々《くるくる》十を贈っている。また、同年十二月二十九日に朝倉氏景が父孝景の先例により、歳暮美物として将軍義尚に白鳥・鷹・鱈・鯛・塩引・大蟹、親元に鱈・塩引を贈っている。孝景はこの年の七月二十六日に一乗谷《いちじようだに》で亡くなっており、子氏景が後を継いでいて、この贈答は代替わり直後のものであった。ほかの時期にも朝倉氏は鱈を献上しており、越前を代表とする名産品であった。『延喜式』や『庭訓往来』などには鱈はみえないので、名産品としての地位を確立したのは、これらの成立時期より新しい室町時代と思われる。『鎌倉遺文』所収の史料の中でも、鱈が出てくるのは日蓮の弟子日興の書状一点のみであり（鎌倉遺文二六一一一号）、室町時代以前ではポピュラーな魚ではなかったようである。

大蟹は越前蟹つまりズワイガニを指し、少なくともこの頃から越前の名産品となっていた。古今伝授《こきんでんじゆ》で知られる三条西実隆《さんじようにし》が記した『実隆公記《さねたかこうき》』の永正《えいしよう》八年（一五一一）三月二十日条には越前蟹の贈答の記事があり、この頃には越前蟹の名称も一般に普及していた。蟹に関しては、越前蟹同様に大型の蟹である蝤蛑《がざみ》が鎌倉時代の史料にみえ、『親元日記』でも贈答例がみえる。室町時代に越前蟹が著名になったのは、この地方からの商品流通が盛んになったことも背景にあると考えられる。

朝倉孝景が献上した来々とはいったい何であろうか。来々は「くるくる」と読み、鱈の腸のことである。『親元日記』にはもともとは不来不来《こずこず》と呼び、正月用に食されたが、名前が悪いので来々と呼ぶようになったと記されている（寛正六年〈一四六五〉正月十日条）。また、『看聞日記《かんもんにっき》』の永享二年（一四三〇）十二月三十日条には、将軍義教から歳暮の美物として、くるくる五十・大かに十などが贈られた記事があり、ほかの年にも同様のものが贈られている。この大蟹はくるくると並んで記されているので、やはり越前蟹のことで、両者は当時の越前守護斯波《しば》氏から将軍に贈られ、それが貞成《さだふさ》親王に贈られたと考えられる。朝倉氏による献上は斯波氏の先例を踏襲しているはずであり、永享期から来々と越前蟹は越前の名産品となっていたのである。

丹後鰯の献上

『年中恒例記』によれば、十月に丹後守護一色氏が丹後鰯を献上している。鰯は室町・戦国時代の将軍を饗応した記録などに名がみえず、上級武士の宴会や贈答品としてはあまり使用されていなかった。一方、『御伽草子』の「猿源氏草紙」は伊勢国阿漕《あこぎ》浦の鰯売である猿源氏が都で鰯を売り、有徳《うとく》（金持ち）になったことが話の導入部になっている。この話は室町時代の京では鰯が売られていて、顧客の中心は京に住む町人たちであったことを示している。先に述べたように兵庫港を通過した船の積荷のうち、魚介類は鰯・小鰯・赤鰯が圧倒的に多かった。「猿源氏草紙」はこうした鰯の京への流入が背景となって創作されたもので、瀬戸内のみでなく、伊勢や丹後など各地から鰯が送られ、実際に鰯商人が財をなしていたのだろう。

この「猿源氏草紙」には別の鰯に関わる話が挿入されている。和泉式部《いずみしきぶ》が鰯を食べていたところ、藤原保昌が来たので鰯を隠したので、保昌が何を隠したかと問い詰めたところ、和泉式部が「日の本に　いははれ給ふ　いはしみづ　まいらぬ人は　あらじと思ふ」と詠んだ。この和歌は表向きは日本で大切に祀られている石清水八幡《いわしみずはちまん》に参詣しない人はいないという意味だが、裏には鰯を食べない人はいないということも述べている。これを聞いた保昌は「鰯は肌を温め、女の顔色を増す薬魚なのに、咎めたことは悪かった」と述べ、二人は深く契りを結んだ。

この話は公家の女性が鰯を食べるのは恥ずかしいことと認識されていた一方で、鰯は体を温める薬でもあったことを示している。実際、『古事談《こじだん》』（鎌倉前期成立）には「鰯は良薬だが、公家は食卓にのぼさない」とあり、こうした認識は少なくとも鎌倉時代から存在していた。一色氏が献上した丹後鰯にも薬的な意味があり、将軍は健康を保つために丹後鰯を食したと考えられる。当時、丹後鰯が京の町人の間で盛んに食されていたことも背景にあるだろう。

海草と鯨の贈答

現在、海苔などの海草類はよく食べられ、昆布はだしとしても使用されている。また、海苔や昆布は贈答品の定番であり、祝儀の品として認識されている。では、中世においてどのような海草類が贈答され、食べられていたのだろうか。

祝儀の昆布献上

昆布に関しては、『延喜式《えんぎしき》』（宮内省）の諸国例貢御贄として、陸奥《むつ》国から昆布が貢納されている。また、『続日本紀《しょくにほんぎ》』霊亀《れいき》元年（七一五）十月条には、陸奥の蝦夷《えみし》須賀君古麻比留が先祖から毎年欠かさず昆布を貢献していると言上している。このように、古代には陸奥から昆布が朝廷に貢納されていた。現在、昆布は宮城県以北の海で採れるが、古代・中世では陸奥と蝦夷地で採取されていたと考えられる。しかし、鎌倉時代の史料では用例はわずかであり、昆布はあまり流通していなかったようである。

ところが、『庭訓往来《ていきんおうらい》』には宇賀《うが》昆布がみえ、南北朝期には宇賀で採れる昆布が名産品化していた。宇賀とは函館《はこだて》付近の地名であり、蝦夷地の昆布がこの頃には流通していたことがわかる。応永《おうえい》三十年（一四二三）四月、津軽の安藤氏が将軍義量《よしかず》に昆布五百把を献上している（『後鑑《のちかがみ》』）。安藤氏は蝦夷地と交易を行なっていたので、この昆布は宇賀昆布と考えられる。当時の津軽には十三湊《とさみなと》という繁栄した港があり、安藤氏が支配していたが、この港が蝦夷地で採れた昆布の集散地となり、そこから船で若狭《わかさ》に運ばれ、京に流入していたのだろう。

『年中恒例記』には、正月の五日間は式三献《しきさんこん》の前に昆布・鮑《あわび》・搗栗《かちぐり》を献上していたとある。また、『年中定例記』には重陽《ちょうよう》の節供《せっく》に、焼栗九と昆布九切を備えるとあり、幕府の年中行事において祝儀の品として定着していた。この点は鎌倉公方《くぼう》の場合でも同様で、『殿中以下年中行事』によれば、正月早旦に昆布・勝栗《かちぐり》・鮑《あわび》を肴にして酒を飲むとある。また、鎌倉公方が征伐に出向く時にも、昆布・勝栗・鮑を肴にして酒を飲むとある。搗栗が勝栗と書かれているように、この三品は戦の勝利を祈願する縁起物としての役割を担っていたのである。

昆布と干鮭の流通

このように室町時代の京では昆布が食べられていたが、その流通はどのような状況であったのだろうか。『看聞日記《かんもん》』には貞成《さだふさ》親王が義教《よしのり》から、「昆布干鮭公事《くじ》」を徴収する権利を与えられた記事がある（永享《えいきょう》八年五―六月条）。「昆布干鮭公事」とは両者を扱っている商人から徴収する営業税のようなものである。これ以前、この権利は常磐井宮が所有していたが、義教の機嫌を損ねて没収され、代わって貞成親王に与えられたのである。この公事を徴収する代官は結局以前と同じ平田氏に決定したが、その額は月ごとに四十二貫文というかなりの高額である。

もちろん、徴収対象は昆布と干鮭を扱っている商人であり、義教は彼らに対して、貞成親王への公事の支払いをわざわざ命じている。これは貞成親王が天皇の父であったため、特別に念を入れたもので、その好意に親王は感謝している。そして、数十人の町人が連署した請文《うけぶみ》（誓約書）が貞成親王のもとに届けられている。『看聞日記』では彼らを「町人戸井」と表現している。「戸井」とは問のことで、一般には問は年貢の保管や船舶・船頭の手配を行うが、ここでは昆布や干鮭を扱う商人のことを指す。京にはそうした商人が数十人も存在し、公事として納入した多額な銭からみて、相当の量が売られていたと考えられる。武士や公家のみが相手ではこれだけ多額な公事を支払うことができないので、町人に対しても昆布や干鮭が売られていたのだろう。

昆布は蝦夷地、干鮭は主に越後・越中が産地なので、日本海を航行する同一の船に両者が積まれて、京に運ばれたのだろう。よって、京でも一人の商人が両方を扱っていたため、昆布と干鮭をいっしょにした営業税が賦課されていたのである。貞成親王は公事の徴収権をもらったお礼に、義教に干鮭百、義教の正室日野重子《ひのしげこ》に鮭五十、さらに子である後花園《ごはなぞの》天皇に鮭三十と昆布二十把を贈っている。これらは改めて代官に補任された平田氏からお礼として貞成親王に贈られたものと考えられ、商人たちがいかに大量の昆布と干鮭を扱っていたかが想像できる。このように、昆布と干鮭は将軍や天皇はもちろんのこと、一般の町人の間でも、もてはやされていたのである。

海苔の贈答

昆布と並ぶ海草の代表である海苔は、現在でも贈答品として最もポピュラーなものである。鎌倉時代の史料では海苔は昆布に比べて用例が多く、産地が限定されている昆布に比べて、より採取量や流通量も多く、当然贈答される機会も多かった。『堤中納言物語《つつみちゅうなごんものがたり》』の「よしなしごと」では出雲の浦の甘海苔が挙げられているが（二三四ページ表6参照）、北条氏の一族である金沢貞顕の書状には、出雲苔が届いたことが記されている（金沢文庫文書）。鎌倉後期においても出雲海苔の名声は高く、珍重されていた。『親元日記《ちかもとにっき》』では、出雲の武士塩冶《えんや》三河守から出雲海苔が献上されていて、室町時代にも出雲海苔は名産品であった。

こうした産地名がついた海苔としては、同じ金沢貞顕の書状に「佐渡苔一合」とある（贈られたと思われるが、後欠のため不明）。また、『親元日記』によれば、佐渡国の本間河原田時直が糒《ほしいい》一袋・海苔一折・蛸一頭を献上しており（寛正《かんしょう》六年六月七日条）、鎌倉後期から室町時代にかけては佐渡の海苔も名産品となっていた。同日記にはほかに富士海苔の名もみえる。

海苔は天皇の食卓にも上っていた。『吾妻鏡《あずまかがみ》』には次のような甘苔《あまのり》の進上に関する記事がある。文治《ぶんじ》二年（一一八六）二月、供御《くご》甘苔が伊豆から鎌倉に到来し、頼朝は使者を派遣して京に進上するように指示した。この甘苔は「伊豆土産」であった。二年後の文治四年四月には頼朝は供御甘苔などを仙洞に進上している。仙洞とは後白河法皇を指す。さらに、翌年十一月にも供御甘苔十合が「伊豆国乃貢《のうぐ》」として進上されている。このように、頼朝は後白河法皇に供御甘苔を毎年進上していたのである。供御とは天皇の食事のことであり、この甘苔は後白河法皇が食べるものであった。ところで、この甘苔は伊豆のどこで採れたのだろうか。

伊豆の甘苔

甘苔は「伊豆国乃貢」と『吾妻鏡』では表現されているが、「乃貢」とは年貢のことなので、後白河法皇が年貢を収納する権利を持つ荘園で採れたものとなる。当時、伊豆国には長講堂領仁科庄があった。長講堂は後白河法皇が六条殿に持仏堂として建立したもので、この堂には大量の荘園が寄進され、後白河法皇の管理下に置かれていた。先に述べたように、同じ長講堂領（八条院領）であった富士御領の年貢である綿千両も頼朝によってわざわざ使者を派遣して進上されており、この甘苔は長講堂領仁科庄の年貢であった可能性が高い。

仁科庄は伊豆半島西海岸の南部地域（静岡県西伊豆町）にあり、沿岸は岩場と砂浜が交互に展開し、海草を採取するのに適した土地である。甘苔は伊豆土産とあるように、伊豆国の名産品であり、それゆえ後白河法皇により年貢として定められ、この時には頼朝を通じて進上されていたのである。甘苔は供御なので、ほかの年貢と異なり、頼朝によって特別扱いされ、その結果『吾妻鏡』にもわざわざ進上の事実が記載されたのだろう。

身延山《みのぶさん》にいた日蓮《にちれん》のもとにも甘苔などの海苔類（川海苔もあり）はしばしば贈られ、ある時に安房新尼御前から贈られてきた甘苔をみて、生まれ故郷である安房《あわ》国小湊《こみなと》（千葉県鴨川市）でみたものと変わらないと述べている。日蓮は漁民の子とみずから述べているが、みずから海苔を採取した経験もあったと思われる。このように、海苔は供御として天皇の食卓に上ったのをはじめさまざまな階層で食され、盛んに贈答されていたのである。

海草の贈答

昆布・海苔以外では、どのような海草が贈答されていたのだろうか。『年中恒例記』では五月頃に武田氏が海松《みる》を進上することになっていた。実際

『親元日記』によれば、武田氏は海松一折を献上している（文明十三年六月十二日条）。海松は各地の岩場に生え、高さ一〇―三〇センチで、鮮緑色をしていて、『万葉集』にも歌われるなど、古代から親しまれていた海草である。武田氏は若狭守護なので、この海松は若狭の海岸で採れたものであろう。

また、『年中恒例記』では七月十三日に大草氏が海松二合と小鰺《こあじ》二十連を調理して進上することになっていた。翌日は盂蘭盆会《うらぼんえ》なので、この料理はそれと関係するものと考えられる。将軍は十四日に等持《とうじ》寺、十五日に等持院と相国寺《しょうこくじ》に御成《おなり》し、施餓鬼《せがき》の法会に参列する。等持寺と等持院は足利氏の菩提《ぼだい》寺で、代々の将軍の墓と位牌《いはい》があり、将軍は先祖の菩提を弔うために両寺に御成を行なっていたのである。

翌十六日に伊勢氏は将軍に青鷺・鱧《はも》・伸鮑《のしあわび》などを献上するのが慣習であった。これは前に述べた精進解《しょうじんとき》としての意味があり、盂蘭盆会の最中の精進の状態から抜け出ることの象徴的行為であった。この点からすれば、前日の十三日は精進に入るための準備をする日であり、小鰺のような軽い生臭物を食したうえで、精進に入ったと考えられる。海松は生臭物ではないが、魚と同様に海で採れるものであり、精進物と生臭物の境界にある食物として受け取られ、それゆえこの日に食されたのだろう。なお、伸鮑は鮑の肉を細長く切って乾燥させたもので、精進解の際に贈る代表的なものとして、現在も民俗として残っている。本来は祝儀袋に本物の伸鮑（熨斗《のし》）が添えられていたが、現在は単なる印刷物になっている。

ところで、小鯵と海松を調理した大草《おおくさ》氏は幕府の料理人で、将軍が食すさまざまなものを調理している。大草氏は毎日将軍の供御として鯖を進上していたが、『年中恒例記』が書かれた頃には朔日・節日・誕生日のみになっていた。その理由は大草氏は多くの「御祝御料所」を知行していたが、近年は若狭国青郷《あおのごう》だけの知行となったためという。青郷は古代以来、漁業が盛んであった所で、大草氏がこの地を知行していたのも料理人として職掌を果たすためであり、そこで採れる海産物が将軍の食卓に上っていたとみられ、海松もこの地で採られたのかもしれない。

和布

海草の中で最もポピュラーなのは和布《わかめ》である。鎌倉時代の史料では海草の中で最もよく出てくる。和布は年貢・公事として賦課されたり、贈答されるなど、盛んに流通していた。和布は若布・若和布とも書かれるが、この「若」という文字からは、和布に若々しいという観念が賦与されていたことが推測される。人々にとって若さは好ましいことであり、新鮮な和布を眺め味わうことで、若さを保ったり、取り戻そうとする意識があり、それゆえ和布は海草の中で最も流通したと考えられる。

ところで、『延喜式』内膳司《ないぜんし》の諸国貢進御贄で各国から貢納されている穉《ち》海草はどのような海草であろうか。稺とは幼いという意味で、若いに通じるので、和布のことと考えられる。貢納している国は東海・関東の太平洋側（三河・遠江・下総・常陸）、北陸（若狭・越前・能登・越中・佐渡）、山陰（但馬・因幡・伯耆・長門）であり、特定の地域に集中している。稺海草自体は瀬戸内や南海道などの地域でも採取できたはずであり、これらの国への限定には何らかの理由があると思われるが、明らかではない。

海草の中で昆布が祝儀性が最も強かったが、室町時代に蝦夷地の昆布が流通することで、一般にも広まっていったと考えられる。海苔は戦国時代には正月の祝儀の品として贈答されるようになり、贈答品としての地位を確立する。海松は松という字が宛てられているが、これは第一に海松が緑色をしているためと思われるが、松はおめでたい木として、もてはやされており、海松自体にも祝儀性があると考えられていたため松の字がつけられたのだろう。和布は海岸部の荘園から年貢・公事として貢納され、若さを取り戻すために食されたと考えられる。このように、これらの海草はそれぞれ独自の意味を持ち、珍重されていたのである。

信長による鯨のお裾分け

海に生きる生物で最大のものは鯨である。室町時代以降、鯨も贈答されるようになった。また、各種の宴会の献立書には必ずといっていいほど鯨がみえ、鯨はかなり流通していたと考えられる。『言継卿記《ときつぐきょうき》』によれば、天文《てんぶん》年間（一五三二―五五）に公家の間で鯨汁がしばしば食べられていた。一方、『親元日記』では、伊勢の小原氏や長野氏が鯨荒巻《あらまき》（寛正六年〈一四六五〉二月二十五日条・同年三月五日条）、尾張の織田氏が年始の祝儀として鯨荒巻を献上している（文明十三年〈一四八一〉二月二十日条）。同日記で鯨を献上しているのは伊勢と尾張の武士のみであることは注目され、鯨はこの地域の名産物であったと考えられる。ちなみに、荒巻とは竹の皮やわらなどで、魚や鳥獣の肉を巻いたものを意味し（『日本国語大辞典』）、この場合は鯨の肉がわらなどで包まれていたと思われる。

中世における鯨漁の実態は明らかではない。しかし、近世初期の著述『慶長見聞集《けいちょうけんもんしゅう》』には次のような記述がある。伊勢と尾張では鯨を突いていたが、関東では突くことを知らなかった。ところが文禄《ぶんろく》の頃、尾張の鯨突の名人間瀬（異本では早瀬）助兵衛が相模国三浦に来て、鯨が多いのをみて、銛《もり》と網で鯨を突いたという。これによれば、少なくとも文禄年間（一五九二―九六）以前に伊勢と尾張では銛で突き、弱ったところを網で捕える捕鯨法が確立していたことになる。

織田信長は正月十二日付の細川藤孝宛の黒印状で、「この鯨は九日に知多《ちた》で取れたもので、朝廷に進上したが、自分たちが服用した裾分《すそわ》けとして、あなたにも贈る」と述べている（細川家文書）。これには「取る」と書かれているので、銛と網が使われたと考えられ、この捕鯨法はすでに信長の時代に存在していた。また、信長は正月十六日付の水野監物（直盛）宛の黒印状で、鯨一折を贈ってきたことに礼を述べている。水野監物は尾張国常滑《とこなめ》城主であり、知多半島で鯨が取れたことがわかる。この場合はどのようにして捕ったかは不明だが、二通の黒印状はともに正月のものである点で共通するので、正月に銛と網を使った捕鯨が開始され、そこで捕れた鯨が水野氏に上納され、さらに信長に献上されたと考えられる。つまり、信長は鯨を朝廷に献上したうえで、家臣たちにも配分していたのである。信長が「裾分け」と述べていることに象徴されるように、鯨は一人で独占しないで、なるべく多くの人に分ける慣習があり、配分先は朝廷にまで及んでいた。前章で室町将軍に献上された美物が朝廷に贈られたことを述べたが、この鯨も同様のケースにあたる。これは特別な物が最終的には朝廷まで献上されていたことを意味する。

『親元日記』における鯨の献上者は伊勢と尾張の武士であり、『慶長見聞集』に記された捕鯨を行なっていた国と一致する。この点から銛と網を使った捕鯨が寛正・文明年間（一四六〇—八七）に伊勢や尾張で行われていた可能性がある。

鯨と寄物

鯨が多数の人々に配分されたことを示すもう一つの事例がある。小田原北条氏の当主氏政は雲見《くもみ》（静岡県西伊豆町）の領主高橋氏から鯨を贈られた際に、次のようなことを述べている（高橋文書）。鯨は北条氏に御用がない時は領主に下賜するが、御用の時は古来から公儀への納物なので、北条氏に上納すべきである。今回は「関東衆」に遣わすので、半分か三分の一を公儀（北条氏）に上納せよと命じている。この「関東衆」とは、北条氏に属していたり、同盟を結んでいる国衆《くにしゅう》（一定領域を独立して支配している領主）を指し、氏政は上納された鯨を彼らに配分するつもりであった。これは先の信長の場合と同じであり、まさに鯨のお裾分けといえよう。

こうした鯨の上納に関して、自分の代になって四・五回目のことであり、珍しいこととしている。この時点では、まだ関東では銛と網を使った捕鯨が行われていなかったので、この鯨はいわゆる寄鯨《よりくじら》とみられる。寄鯨とは死んだり弱ったりして、海岸に打ち寄せられた鯨のことで、現在でもたまにあり、テレビなどで報道されている。人為的な捕鯨が行われなかった以前は、寄鯨のような偶然性に頼って鯨が入手されたのである。氏政は「検使《けんし》には及ばない」とも述べているが、これは本来、寄鯨があった場合は検使を派遣すべき慣習があったことを示している。この場合は報告で明らかなので、検使の派遣を省略したのだろう。なお、近世においても寄鯨があった時には江戸幕府は検使を派遣しており、戦国時代と同様である。

この場合は鯨であったが、海岸には多様なものが打ち寄せられ、それは寄物《よりもの》と呼ばれていた。これが船の場合は寄船、木の場合は寄木と呼ばれ、まさに海からの贈り物であった。

これらの寄物はたいへんな収入になるため、誰が獲得するかが常に問題となり、争いが発生したため、配分方法が定められていた。その方法の一つが寺社の造営や修理資材として寄進する慣習であった。ほかに荘園領主と地頭の間で半分ずつにする場合もあった。また、洪水の際に川の上流から木や材木が下流に流される場合もあり、その場合は流れ着いた河岸の領主のものになるのが一般的な慣習であった。

寄鯨も寄物の一種であるが、公儀に献上されるのは、寄物が寺社に寄進される慣習と関係すると思われる。この慣習は寄物が神仏のものになることを意味するが、公儀が神仏と同様の存在として認識される論理もあったので、寄鯨も同様の論理により、公儀へ献上されたと考えられる。知多半島で捕れた鯨が最終的には信長を通じて、朝廷に献上されたのも、この論理に基づくものであり、信長や朝廷は公儀を体現していたといえよう。

味覚と贈答

菓子と栗

甘さの根源

ものを食べたり、選んだりする際に味覚は重要な要素を占める。味覚にはうまい・まずい、甘い・辛い・酸っぱい・苦い・塩辛いなど多様なものがある。一方、同じ食べ物でもうまいと感じる人とまずいと感じる人がいるなど、味覚は人によっても異なり、一様ではない。また、現代人と過去の人の味覚も当然異なったはずであり、たとえば、過去の人が感じる甘さと現代人が感じる甘さはまったく違ったと考えられる。現代人は砂糖をふんだんに使った食品に馴れているので、砂糖の含有量の多少が甘さのバロメーターになっている。しかし、日本において、砂糖が普及するのは室町時代以降であり、それ以前は砂糖以外のものから甘さを感じていた。また、砂糖といっても、時代によって砂糖の原料や製法が異なり、それに伴って解糖度も違うため、たとえ同じように砂糖を使っていても甘さは異なっていた。このように、味覚は時代により異なり、その変遷をたどることも重要な課題である。

味覚の中でも最も人々を魅了してきたのは、やはり甘さであろう。食品を表現する時に、甘いという形容詞や甘という接頭辞をつけることがいかに多いかに気づくだろう。たとえば、甘納豆・甘茶・甘栗・甘酒・甘鯛・甘海苔といった食品がある。飴は甘い食品の代表的存在だが、その中に甘露《かんろ》飴と命名された商品がある。この甘露とはどのような意味であろうか。

天武《てんむ》天皇七年（六七八）十月朔日に、難波に長さ五、六尺、広さ七、八寸の綿のようなものが降り、ある人はこれを甘露《かんろ》といったという（『日本書紀《にほんしょき》』）。『延喜式《えんぎしき》』（治部省《じぶしょう》）には上瑞《じょうずい》の一つに甘露が挙げられ、「美露で、神霊の精である。脂のように固まり、その甘さは飴のようである」と説明している。瑞とは祥瑞《しょうずい》のことで、天皇の徳を称賛して出現した自然現象や動植物を意味し、出現した際には天皇に報告されたり、献上されていた。『延喜式』では祥瑞は大瑞・上瑞・中瑞・下瑞に分類されていて、甘露もその一つであったため、報告されたのである。中国の『宋書《そうじょ》』には甘露は王の徳が大きいと出現するとあり、この思想が日本にも導入されていたのである。つまり、甘露飴とは『延喜式』の祥瑞の規定に由来する商品名であり、天皇と甘いという味覚が密接な関係を持っていたことがわかる。

このように甘さは単なる味覚であることを超えて、天皇という王権の根幹に関わる意味を持っていた。現代と異なり甘い物が貴重であった過去においては、甘いものが贈答の対象となり、宴会でもメインの品として出されていた。そこで、以下では甘いものを中心にして、その贈答と宴会、天皇との関係などについて検討しよう。

菓子とは何か

菓子は今では和菓子・洋菓子のように加工され、主に砂糖などが加えられた甘いものを意味し、贈答品の代表でもある。しかし、古代や中世には菓子は今よりもより広い範囲の食べ物を指していた。『延喜式』（大膳下《だいぜん》）には諸国から貢進された菓子が記され、古代における菓子がどのようなものであったかがわかる。まず、栗（平栗子・搗栗子《かちぐり》）や椎《しい》の実（椎子）、ほかに木蓮子《いたび》があり、木の実も菓子であった。菓子は本来の意味は木の実を指すが、栗と椎は多くの国から貢進されており、この二種類が木の実の代表的存在であった。また、池や沼に生える植物から採れる菱《ひし》の実（菱子）や蓮《れん》根《こん》も菓子であった。ほかに覆盆子《いちご》・橘子・楊梅子《やまもも》・柑子《こうじ》・梨子・郁子《むべ》（アケビ科の低木の果実）などもみえ、果物も菓子であった。ほかに薯蕷子《しょよ》・蔔子《ふく》（大根のこと）もあり、野菜や芋類も含まれていた。

現在は菓子といえば甘いものをイメージするが、『延喜式』では甘葛煎《あまずらせん》が文字通り甘いものであり、現代の意味に通じるものである。甘葛は深山に生えるつる草の一種で、茎から採取された汁を煮詰めたものを甘葛煎と呼ぶ。『枕草子《まくらのそうし》』（三九段）では上品なものとして、削り氷に甘葛を入れて、新しい金椀《かなまり》（金属製の椀）に入れたものを挙げている。これはまさに今のかき氷にあたるものであり、甘葛が当時の貴族によって珍重されていたことを物語る。朝廷では甘葛を貢進させるために甘葛使を派遣していたくらいである。これらの菓子は到着した後、検査を受けてから内膳司《ないぜんし》に送られたが、甘葛煎のみは直接、蔵人所《くろうどどころ》に送られることになっていて、甘葛煎は特別扱いされていた。これも甘葛煎の貴重性の故であろう。

このように、古代の菓子は木の実・果物・野菜など多様なものを含んでいた。果実は今は甘いのが常識だが、つい近年までは蜜柑《みかん》やリンゴも決して甘いものでなく、酸っぱいものであり、古代の果実類もどの程度甘かったかは不明である。その中でも覆盆子・梨子・郁子は甘かった可能性はあるが、現在の果実ほどは甘くなかったと思われる。

平安時代の菓子

では、平安時代の菓子はどのようなものであったのだろうか。東寺《とうじ》では空海《くうかい》が没した三月二十一日に御影供《みえいぐ》が行われるが、その時に供える菓子を東寺や末寺の僧侶に進上することを命じた康和《こうわ》四年（一一〇二）三月十日付の文書がある（平安遺文一四七六号）。菓子の内訳は、粽《ちまき》・餅・興米《おこしごめ》・甘子（柑子）・栗・橘・

栃・串柿・伏菟《ぶと》・鉤《まがり》である。興米は蒸した糯米《もちごめ》を乾かして炒ったもので、胡麻《ごま》や胡桃《くるみ》を加え、水飴に砂糖や蜜などをまぶした菓子のことだが、この時代には砂糖はなく、どの程度甘味や添加物を加えたかは明らかではない。この点はともあれ、粽・餅・興米は今でいう菓子に近いものである。

伏菟は餅を油で揚げたものである（『日本国語大辞典』）。鉤はまがりもちい（糫餅）ともいい、米や麦の粉を練り、紐状にして、輪にしたり曲げたりして、油で揚げた菓子のことである（『日本国語大辞典』）。ちなみに鉤御園《みその》という園があるので（平安遺文四七九八号）、ここから鉤が貢納されていたとみられる。一方、甘子・栗・橘・栃・串柿は果物・木の実であり、古代の菓子と同様である。

東寺には御影供に供える菓子の進上を末寺や荘園に命じた仁平二年（一一五二）三月付の文書もある（平安遺文二七五六号）。これには菓子として、粽・餅・草餅・興米・柑子・栗・干柿・野老《ところ》・伏菟・鉤が挙げられている。橘と栃の代わりに野老が入っている点を除いて、ほぼ同じである。この場合は空海に捧げるものだが、一般には神仏への供物《くもつ》、天皇などの食物としても菓子は進上されていた。これらの中で柑子・栗・柿は公事として上納されたり、贈答されることが多い。また、搗栗が年中行事や祝儀の宴会で使用されたことは先に述べたが、菓子の中でも特に栗は重要性が高かった。そこで、これらの菓子類の贈答や公事としての上納に関して、以下で検討を加えよう。

栗の種類と特徴

『延喜式』の諸国貢進菓子では、平栗子は山城《やましろ》・丹波《たんば》・因幡《いなば》、搗栗子は丹波・但馬《たじま》・播磨《はりま》・美作《みまさか》、甘栗子は丹波から貢進されることになっていた。栗には三種類あるが、搗栗《かちぐり》は栗を干して臼《うす》で軽く搗《つ》き、殻と渋皮を取り去ったものである。甘栗は文字通りほかの栗に比べて甘い栗のことであろう。平安時代には大臣に就任した際に大饗《だいきょう》という太政官の役人を饗応する宴会が行われ、その際に朝廷から甘栗の使が派遣されていた。甘栗の使は蔵人が務め、甘栗と蘇《そ》を大臣に下賜した後に接待を受ける。『枕草子』（八八段）には、六位の蔵人が甘栗の使いとして参り、接待を受けて大事にされる様はどこから天降った人であろうかと記されている。この甘栗は丹波から朝廷に貢納されたものだろう。甘栗や甘葛煎は当時の甘いものの代表であり、朝廷は甘いものを独占的に確保していたのである。

貢進している国は山城のほかには、京の北に位置する丹波・但馬、播磨・美作・因幡という中国地方の国という特徴がある。栗自体はこれらの国以外でも生えていたと思われるが、これらの国のみに貢進が命じられたのは何らかの理由があるだろう。なかでも丹波は平栗子・搗栗子・甘栗子と三種類すべて貢進しており、丹波と栗が分かち難く結びついていたことがわかる。『堤中納言物語《つつみちゅうなごんものがたり》』の「よしなしごと」には「いかるが山の枝栗」とあるが、「いかるが山」とは丹波国何鹿郡の山を指し、丹波の中でも何鹿郡の栗が名高かったことを示す。また、『新猿楽記《しんさるがくき》』にも丹波栗とあり、丹波の栗は平安時代にも名産品としての地位を保っていたのである（一三四ページ表6参照）。

先に述べた東寺における御影供では、丹波国大山庄は栗を進上することになっていた。仁治二年（一二四二）に作成された大山庄の年貢・公事《くじ》注文によれば、林地子《じし》搗栗一石・甘栗四升・生栗五斗が東寺に納入されることになっていた（鎌倉遺文五八七五号）。三種類の栗が納められているが、『延喜式』でも丹波から三種類の栗が貢進され、うち搗栗と甘栗は一致するので、『延喜式』の平栗子は生栗のことで、何も処理を加えていない栗を意味する。納入する量に関しては、搗栗が一番多く、生栗がその半分、甘栗は生栗の八％であり、希少性があったことがわかる。同庄で採れた栗の中で、特に選りすぐりの甘い栗が甘栗として納入されたのだろう。あるいは甘い栗がなる栗の木があらかじめ把握されていて、それから甘栗が採られていたとも考えられる。

田原甘栗供御所と天武天皇

栗林は古代においては栗栖《くるす》とも呼ばれていた。林ではなく栖と呼ばれた理由は明らかではないが、栗が特別視されていたことによるのだろう。丹波には御栗栖、山城の宇治の奥には田原御栗栖があり、朝廷に栗を貢納していた。納入先は蔵人所で、二つの栗栖は蔵人所の支配下にあった。田原は平安後期には「供御所」、「甘栗供御所」と呼ばれるようになり、それにともない栗を貢納する人も供御人《くごにん》と呼ばれた（網野善彦『日本中世の非農業民と天皇』）。供御は天皇の食事のことで、栗が天皇の食膳に上っていたことを端的に示している。この田原御栗栖の草創伝説が『宇《う》治拾遺物語《じしゅういものがたり》』に記されている。

この話は有名な壬申《じんしん》の乱《らん》に関わるものである。大海人皇子《おおあまのみこ》（天武天皇）は吉野に隠棲していたが、それを恐れた大友皇子《おおとものおうじ》は大海人皇子の殺害を図った。大友皇子の妻は大海人皇子の娘であったので、父に密書を送り、このことを知らせたため、大海人皇子は吉野を逃れ、山城国田原という所にたどり着いた。田原の住人は大海人皇子の様子にただならぬものを感じ、焼栗とゆで栗を高坏《たかつき》に載せてさしあげた。大海人皇子はこの二つ栗を「思うことがかなったならば、木になれ」といって埋めた。それを人々は不思議がってそこに印をつけておいた。大海人皇子は大友皇子との戦いに勝利し、天武天皇として即位したが、埋めておいた栗は成長して、さしあげたものと同じ形の栗が実るようになり、今も田原の御栗として奉っている。

この『宇治拾遺物語』以外には田原御栗栖の草創年代を記した史料はなく、実際の草創年代は不明だが、田原には天武天皇の時に草創されたという伝承が存在していたのである。真偽はともあれ、この伝承はさまざまな面で興味深いものである。高坏は高い脚がついた食器で、高貴な人の食事の際に使用することが多い。この場合は田原の人々は大海人皇子の正体は知らなかったものの、その様子から高貴性を感じ、高坏で栗を捧げたのである。もちろん、これには客人歓待の意味もあっただろう。

天武天皇の由緒

ところで、草創伝承がほかの天皇ではなく、天武天皇に結びつけられたのはなぜだろうか。搗栗は中世・近世の武士の間で、勝利をもたらす縁起物として珍重されていた。先に述べたように、室町幕府や鎌倉府の年中行事で、搗栗が使用されていたのはその現れである。

この場合の栗の献上も天武天皇が壬申の乱に勝利する前提であり、栗を埋めることは勝利を祈願する意味があった。神話の記述は別として、大規模な戦争に勝利して即位したのは天武天皇のみであり、この事実に適応する形で、田原の栗献上の草創伝承が形成されたのではないだろうか。

搗栗は勝栗とも書かれることがあり、まさに戦の勝利をもたらす意味が込められていた。搗栗が勝栗と書かれるようになった時期は必ずしも明らかではないが、嘉承《かしょう》三年（一一〇八）に東大寺の僧が吉野参詣をする際に用意すべき物を記した文書には「勝栗」とある。この記載は単なる音の一致に基づくとも考えられるが、搗栗の祝儀性が勝利と結びついていたことによる可能性も高い。

この伝承のもう一つの注目点は、天武天皇が栗を植えたことである。「桃栗三年、柿八年」の言葉に示されているように、栗は成長の早さで知られる。『看聞日記《かんもんにっき》』において、貞成《さだふさ》親王は父栄仁《よしひと》親王がみずから植えた栗が程なく大木になったと記している（応永《おうえい》二十五年二月八日条）。この記述はまさに栗の成長の早さを当時の人々が実感していたことを示すものである。また、各地に天皇、徳川家康などの武将、日蓮や親鸞《しんらん》などの宗教者など歴史上の著名人がみずから木を植えたというお手植え伝承が残されている。お手植えの木は寺社の境内に残されていることが多いが、これらの木はその寺社が著名人と関係があったという由緒を主張することで、寺社に権威性を賦与するものであった。この伝承も田原供御所と天武天皇との関係を木という実際にあるものを提示することで、その伝承の正統性や歴史の古さを主張する意図が込められていたといえよう。

栗林地子

栗はほかの樹木とは異なる制度的な扱いを受けていた。それを端的に示すのが先の「林地子搗栗」という言葉である。この地子については先に少し触れたが、どのような意味なのだろうか。地子は文字通り解せば土地が生む子供、つまり土地が産み出す生産物を意味する。もともとは水田に賦課される米の年貢を米地子と呼び、その後年貢以外の余剰分を加地子《かじし》と呼ぶようになった。だが年貢という言葉が一般化すると、米地子の言葉は使われなくなった。これに対して平安時代には畠にかかる年貢を畠地

図17　栗拾いをする女性（『扇面古写経』より）

子、麦年貢を麦地子と呼ぶようになった。さらに畠以外の土地に賦課される税も地子とされ、たとえば、菜園にかかる菜園地子、塩浜にかかる塩浜地子、都市内部の土地にかかる地子などがある。

林地子は林にかかる税を指すが、一般の林や山に関しては山年貢や山手《やまて》と呼ばれ、栗林のみが栗林地子と地子の名をつけて呼ばれていた。この林地子も栗林地子のことである。また、栗林は検注を受けて、面積が調査され、検注帳に記載されていた点も特徴的である。ほかの樹木は面積では把握されず、ほとんど検注帳に記載されることはない。例外として、樹木類では桑と柿が本数で把握され、検注帳に記載されるが、栗は特別扱いされている。栗林地子の賦課は栗林一反あたり二升のように（鎌倉遺文三一一二六号）、面積が賦課基準となっていた。

では、なぜ栗林は面積で把握されていたのだろうか。それは栗の持つ特性に基づくと考えられる。栗は木から落ちた実を拾うのが普通である。『看聞日記』には応永二十五年（一四一八）八月晦日に、栗林に行って栗拾いをしたと記されていて、貴族の間では栗拾いがレクレーションとして行われていた。また、鎌倉後期のある僧侶の書状には「女房たちが拾った山の栗をお送りします」と記されている（金沢文庫文書）。『扇面古写経《せんめんこしゃきょう》』には庶民の女性が落ちている栗を拾い、籠に入れている光景が描かれている。

これらの点から、栗拾いは主として女性によって行われ、お裾《すそ》分《わ》けとして人々に贈られていたことがわかる。もし、栗が木から直接採るのならば、本数で把握されるのが自然だが、落ちて地面に散在した実を拾うため、面積により把握されたと考えられる。また、栗林は比較的人家に近いところに存在し、人為的に植えられることも多く、畠に近い性格を持っていたため、畠と同様に面積で把握されたとも考えられよう。

柑子と蜜柑

柑子の希少性

古代・中世における菓子の中心は果物類で、その中でも最もポピュラーなのは柑子《こうじ》であった。現在では一般に柑橘類といえば蜜柑《みかん》が思い浮かび、柑子は知名度は低いが、後で述べるように蜜柑が登場する以前は柑子が柑橘類の代表的存在であった。『延喜式《えんぎしき》』諸国貢進菓子によれば、柑子は遠江《とおとうみ》・駿河・相模・阿波《あわ》・因幡《いなば》、橘子は相模から貢納されていた。柑子は後に述べるように各地で栽培されていて、これらの国に限られるわけではない。しかし、貢納している国は太平洋に面す東海地方に集中しており、温暖な所で採れた柑子が選ばれていたと考えられる。これらの国は現在も蜜柑の主要な産地となっており、気候的な要素が『延喜式』の貢納国に反映している。

先に触れた東寺御影供《みえいぐ》では、伊勢国大国庄から柑子十合を進上することになっていた。

だが、これ以前に大国庄の年貢・公事《くじ》を上納する責任者であったと思われる内膳正資清なる人物は、庄内に大小柑子はなく、今年は郡内でも熟していないが、東奔西走して何とか小柑子三百を確保したので、進上すると述べている（平安遺文二〇九二号）。これは柑子の木は希少なものであったことを物語っている。大国庄では柑子が進上できないのでは困るので、その後、柑子を庄内に導入したのではないだろうか。柑子など柑橘類は接ぎ木で増やす方法がよく行われるので、この場合もそうであったのかもしれない。

柑子の希少性を端的に示すのが著名な『徒然草《つれづれぐさ》』十一段の話である。兼好《けんこう》は栗栖野《くるすの》（京都市山科区）を過ぎてある里に入ったところ、風流な庵を見つけ感心したが、庭にある大きな柑子の木のまわりが厳重に囲んであるのをみて、興ざめしたと述べている。これも柑子が貴重なものであり、実を盗まれることを恐れていたことの現れである。兼好は興ざめしたと述べているが、当時の柑子の貴重さからすれば、当然の行為であったともいえる。こうした柑子の希少性は次の事例でもうかがえる。

和泉国宇山本にある浮免田《うきめんでん》三町はもと仁範という僧の住居であったが、弟子の円範は柑子・橘の木を石清水八幡宮寺《いわしみずはちまんぐう》に寄進した。その後「守樹之丁」と称して、公民を招き寄せて、国役《くにやく》を逃れたので、これを停止するように国司は求めていた（平安遺文一〇八三号）。「守樹之丁」とは柑子・橘の木を守る人であり、彼らに浮免田三町を耕作させて、ここを石清水八幡宮寺は荘園にしようと図ったのである。「守樹之丁」は実質的には石清水の神人《じにん》であるが、その任務は柑子や橘の木を守ることであった。柑子と橘は石清水の神事や仏事の際に菓子として、同所から進上されたはずであり、それゆえそれを守ることで、石清水に直属する神人になることができたのである。

柑子の木を譲ったり、庵の庭になる柑子を配分する規定がなされることもあり、柑子は希少性ゆえに財産になっていた。柑子の贈答に関しては、金沢貞顕が称名寺の僧釼阿《けんあ》に柑子三籠を贈っている事例がある（金沢文庫文書）。この柑子は金沢氏の屋敷の庭に植えられていたと思われ、武士の間でも柑子は希少視されていたのだろう。だが、『御伽草子《おとぎぞうし》』の「和泉式部」には柑子商人が内裏に入って、柑子を売ったという記述もあり、室町時代には柑子は商品化して、一般の人の口にも入るようになっていた。当時の柑子は木偏に甘いという字とは裏腹に、甘いものではなく、酸っぱいものであったろう。

蜜柑の登場

現代において冬や正月の果物として最も一般的なのはやはり蜜柑であり、贈答品ともなる。蜜柑は字からすれば蜜のような柑子と解釈でき、柑子よりも甘いものである。もちろん、これとても今の味覚からすれば、決して甘いものではなかったであろう。ところで、蜜柑は一体いつ頃から存在したのだろうか。

『庭訓往来《ていきんおうらい》』の樹木を列記した箇所には、柑橘類として柚柑・柑子・橘・雲州《うんしゅう》橘・橘柑・柚が記され、蜜柑の名はない。また、菓子を列記した箇所には柚柑・柑子・橘とあり、やはり蜜柑はみえない。この点からすれば、南北朝期にはまだ蜜柑は存在しなかったか、一般的でなかったと考えられる。ところが、『看聞日記《かんもん》』の応永二十六年（一四一九）十一月二十六日条には、貞成《さだふさ》親王の父大通院（栄仁親王）が故北山殿（足利義満）に毎年蜜柑を贈っていた旧例により、はじめて蜜柑二合を足利義持に進上したとある。翌日、義持から返事があり、申次《もうしつぎ》の広橋氏からたいへん喜んでいることが伝えられた。翌十二月六日には貞成親王は後小松上皇に蜜柑二合を進上している。この記述から義満の時に蜜柑の贈答が行われ、伏見の御所には蜜柑の木があったことがわかる。

翌年の十一月九日条には蜜柑は義持の好物で、しかも病中の願物であったが、今年は蜜柑が得難かったため、人々は奔走して進上したとある。貞成親王も伏見にある蔵光庵に蜜柑を所望して、百個に柑子を副えて進上している。このことから蜜柑が蔵光庵という庵に豊富にあったことがうかがえる。『徒然草』では庵に柑子の木があったが、蜜柑も庵など寺院に多く植えられていたと考えられる。

人々とは守護や幕府に仕えている武士、公家たちを指すのだろうが、義持の意に沿うために、先を争って蜜柑を捜し求めている姿が目に浮かぶ。蜜柑を求めたのはもちろん好物であったことによるが、当時は病気の際に薬として特別なものを食べる慣習があった。義持にとっては蜜柑は好物であると同時に、病気を治す薬でもあり、蜜柑への願望を実現させることが病の回復につながるため、人々は力を合わせて蜜柑を集めたのである。

これを権力への迎合というのはたやすいが、必ずしもそうはいえないだろう。中世には勧進のように多くの人々が寄付を行い、ある事業を実現するという慣習があり、この場合も病の回復という共通の目的のため、人々が蜜柑を調達するという図式は同様であり、一種の勧進《かんじん》的なものともいえる。こうした贈答をしておけば、いざ自分が病気になった際には、逆に人々から食物を贈られて援助を受けることができたはずである。天皇や将軍が病気の人に薬や食べ物を与えたり、医師を派遣した事例は多く存在し、まさに互酬的な贈答が行われていたのである。

蜜柑の普及

蜜柑は室町時代の京においては、少ないとはいえ、寺社の境内や屋敷地に植えられていたと考えられる。そして、戦国時代になると、戦国大名の間などで蜜柑の贈答が盛んに行われるようになる。たとえば、北条氏直は下総の武士幡谷氏に蜜柑一合を贈っている（幡谷文書）。一般にその土地の特産品が贈られることが多いので、この蜜柑も北条氏が本拠とした小田原周辺で栽培されていたものと考えられる。小田原周辺では現在も蜜柑栽培が盛んであるが、その起源は戦国時代にある。また、北条氏の家臣であった伊東家祐は天文年間（一五三二—五五）頃、古河公方《こがくぼう》足利晴氏の家宰簗田高助に蜜柑一籠を贈っている（『伊東市史』史料編古代・中世所収伊東文書）。伊東は伊豆半島東岸に位置し、現在も伊東など伊豆半島一帯で蜜柑栽培が行われている。この場合も伊東氏の本拠であった伊東ですでに蜜柑栽培が行われていたと考えてよいだろう。

天正十年（一五八二）夏に武田氏が滅亡したが、同年九月に徳川家康は甲斐滞在中の飯田氏に「駿州名物」と述べて、蜜柑一箱を贈っている（『静岡県史』資料編中世四・一五七三号）。家康の言葉からはすでに蜜柑が駿河名物となっており、これは今川氏の時代に遡るとみられる。いうまでもなく、かつて駿河・遠江・伊豆であった静岡県では今も蜜柑栽培は盛んである。先に述べたように『延喜式』で柑子を貢進しているのが、駿河・遠江・相模なので、こうした蜜柑栽培は古代以来の柑子栽培の伝統をもとにして、室町後期から戦国時代初期にかけて始められたと考えられる。

蜜柑の接ぎ木

では、蜜柑の木はどのようにして各地に広まったのだろうか。木の増やし方には接ぎ木・挿し木・取り木などがあり、現在も園芸技術として活用されている。これらの技術は古くからあり、中世の史料にもいくつかみえる。たとえば、藤原定家《ていか》は八重桜の接ぎ木を行なっている（『明月記《めいげつき》』寛喜《かんぎ》二年三月七日条、『古今著聞集《ここんちょもんじゅう》』巻第十九）。貴族の間では桜などの優れた庭木を増やすために、こうした技術を駆使していたことがうかがえる。貴族などにもてはやされた桜・梅・楓はすべて接ぎ木で増やすことが可能であり、優れた品種の木をみつけては、自家の庭園に導入することが日常的に行われていたと思われる。

蜜柑の接ぎ木に関しては『長楽寺永禄日記』に記述がある。この日記は上野《こうずけ》国の禅宗寺院長楽寺の住持賢甫義哲が書いたもので、永禄《えいろく》八年（一五六五）正月から九月分が残っている。これによれば、三月十四日に寺内の僧である俊に蜜柑の木の接ぎ木を行わせている。翌日も蜜柑の接ぎ木を行わせ、さらに柚をカラタチの木に継がしている。また、二月十八日条には同じく寺内の僧である翁蔵司が「メウタン」の枝を持ってきたので、泉蔵司に接がせたとある。「メウタン」とは柿の品種の一つで、柿の接ぎ木も行われていたことがわかる。

柚子をカラタチに継いでいることからわかるように、柑橘類の木相互の間で接ぎ木は可能なので、蜜柑も柑子の木に継がれていたと考えられる。柑子の中でも特に甘味が強い品種が蜜柑と呼ばれ、その木が接ぎ木により各地に広まっていったのだろう。その点からすれば、もとから柑子の木があり、温暖な気候の遠江・駿河・伊豆・相模は蜜柑栽培に適していて、おそらく室町後期頃に京から蜜柑の木が持ち込まれて、盛んに接ぎ木がなされ、戦国時代には名物となるくらい栽培が行われ、贈答品ともなっていたのである。

もちろん、蜜柑はこの地方のみだけでなく、各地で栽培されていた。奈良の興福寺《こうふくじ》の僧多聞院英俊が書いた『多聞院日記《たもんいんにっき》』には、蜜柑の贈答や宴会に蜜柑が出された記事が多くあり、奈良でも蜜柑が栽培されていたことがわかる。また、高野山《こうやさん》の清浄心院が上杉景勝に蜜柑一籠を贈っているが、これも紀伊で栽培されていたものであろう。紀州蜜柑は現在も名物である。さらに島津氏が徳川家康・秀忠に年末や正月に蜜柑を贈っており、近世初期には薩摩でも蜜柑が栽培されていた。このように戦国から近世初期にかけて各地に蜜柑が広まり、現在の蜜柑の産地はすでにこの時期に形成されていたといえよう。しかも、上野国のような一般的な産地ではない所でも栽培が行われていた事実は、蜜柑が戦国時代の人々の間で、いかにもてはやされていたかを示すものである。

砂糖の普及と贈答

点心と砂糖

室町時代は現代の和菓子につながる菓子の原型ができた時代でもある。『庭訓往来《ていきんおうらい》』には点心《てんしん》としていろいろなものが列記されているが、今も一般的な食品としては饂飩《うどん》・饅頭《まんじゅう》・索麵《そうめん》（素麵）・羊羹《ようかん》がある。饅頭・羊羹は今も和菓子の代表であり、その源泉は点心に出す食物であった。点心とは中国から禅宗とともに伝来した習慣で、昼食の前に食べる軽食、昼食、茶に添える菓子など多様な意味があり、現代は主に中国料理における軽食風のものを指している。

『庭訓往来』では鼈羹《べつかん》・猪羹《ちよかん》・笋《じゆん》羊羹など羹がつく点心の食べ物が多数列記されている。羹とはもともとは「あつもの」と読み、魚鳥の肉を煮た吸い物や汁を指す。羹に懲りて膾《なます》を吹くという諺は有名だが、これは羹のような熱い食べ物に懲りて、膾のような冷たい食べ物まで吹いてさますことから転じて、一度の失敗に懲りて用心をしすぎることを意味する。宴会の席では料理に汁が添えられることが多く、たとえば永禄《えいろく》十一年（一五六八）に足利義昭が朝倉茂景亭に御成《おなり》した際には、鳥では白鳥・青鷺、魚では鯉《こい》・鯛の汁が出されている（『朝倉亭御成記』）。『徒然草《つれづれぐさ》』（一一八段）には鯉の羹を食べた日は鬢がばらつかないとあり、鯉の羹は鎌倉時代以来一般的なものであったが、室町時代には羹が汁と呼ばれるようになったようである。

羊羹は文字からすれば、羹がもとになったものだが、なぜ羊羹と呼ばれたのだろうか。この点については諸説ある。『日本国語大辞典』では、中国における羊肉の羹を原型とし、日本では主に小豆で羊の胆を形どって蒸し、汁に入れたものが、後に蒸したままで茶菓子となったと説明している。一方、赤小豆を摺りつぶした餡《あん》が羹に似ているので、名づけられたもので、鼈羹・猪羹のような動物名がついた羹はできあがった形状によって命名されたという説もある（石川松太郎校注『庭訓往来』の注釈）。この点はともあれ、室町から戦国時代の御成の席でも羊羹は出されており、羊羹は一般化していた。

現代の羊羹はたっぷり砂糖が入っているが、中世の羊羹には入っていたのだろうか。『庭訓往来』には羊羹とは別に砂糖羊羹が挙げられているので、普通の羊羹には砂糖が入っていなかったと考えられる。その一方で砂糖入りの羊羹も存在し、現代の羊羹に近づきつつあったこともうかがえる。

饅頭も点心の代表であり、御成の席でも必ずといってもよいほど出されている。現代の饅頭は餡に砂糖が入っているが、中世の饅頭はどのようなものであったのだろうか。さまざまな職人が対になって和歌を詠み合う、いわゆる職人歌合の一つ『七十一番職人歌合』では、調菜《ちょうさい》という職人が「砂糖饅頭、菜饅頭、いづれもよく蒸して候」と詠んでいる。この歌合には絵があり、調菜には蒸籠《せいろ》に入った饅頭、蓋つきの容器、さじ・菜が入った曲《まげ》

図18　調菜（『七十一番職人歌合』より）

物《もの》が描かれている。つまり、調菜とは饅頭作りの職人であり、和歌からすれば饅頭の餡には砂糖と菜があったことになる。砂糖は小豆に入れたものであり、現代の餡饅に近いものとなる。『庭訓往来』より少し前に成立したとされる『異制庭訓往来』にも砂糖饅頭とあり、羊羹よりも饅頭の方が砂糖を使用したのは早かったようである。

砂糖の普及

このように、砂糖は饅頭や羊羹に使用されるようになっていた。そして、砂糖餅なる餅までが出現する。『蔭涼軒日録《いんりょうけんにちろく》』（相国《しょうこく》寺鹿苑《ろくおん》院蔭涼軒主季瓊《きけい》真蘂《しんずい》の日記）の文正《ぶんしょう》元年（一四六六）閏二月八日条には、砂糖餅を贈られたという記事がある。この砂糖餅は京の公家山科言継の日記（『言継卿記《ときつぐきょうき》』）にも天文《てんぶん》年間（一五三二―五五）から名前がみえ、砂糖餅を肴《さかな》に酒を飲んでいる。砂糖餅はその名の通りに砂糖を餅に混ぜたものと思われるが、新たな甘い食品として登場し、京の人々の間で、もてはやされていたのである。

さらに砂糖餅は関東にも広まっていた。天正《てんしょう》四年（一五七六）十月に古河公方《こがくぼう》足利義氏の子が誕生した際に、北条氏照《ほうじょううじてる》（氏政の弟）は砂糖餅を下賜《かし》されている（喜連川《きつれがわ》文書）。祝儀の際に餅を献上・下賜したり、食することはよく行われ、特に出産五十日後に子供に食べさせる五十日《いか》の餅《もちい》は平安時代以来の習俗として知られる。この場合は義氏の後見役ともいうべき役割を氏照が果たしていた上に、北条氏政の代官として祝儀の使者を務めたため、特別に砂糖餅が下賜されたのだろう。

これと同時期に、北条氏政は上野国の武士富岡氏に「珍しくはないが、ある所から到来した」と述べて、青磁《せいじ》皿百・砂糖・茶碗三十を贈っている（原文書）。氏政は珍しくないと述べているが、これは謙遜であり、これらはそれなりに希少性のある品物といえよう。青磁や茶碗は戦国時代の城跡から多く発掘され、かなり普及していたので確かに珍しいとはいえないが、砂糖はこれらに比べるとやはり珍しいものであったろう。青磁や砂糖は輸入品、茶碗は国産品か輸入品かは不明だが、関東以外の場所で生産されたものである。

これらの入手方法としては、ほかの大名などからの贈与、商人からの購買が考えられるが、少なくとも京など畿内を経由して持ち込まれたことは間違いない。当時の関東には畿内から商人がやって来ていたので、彼らが供給源であった可能性が高い。また、伊勢神宮外宮作所《げぐうつくりどころ》の神主が砂糖を今川義元《いまがわよしもと》の奏者らしき人物に贈った例から（『静岡県史』資料編中世四・補遺二三五号）、畿内から東に向けて、砂糖が贈られていくという方向性が推測できる。

砂糖と貿易

『多聞院日記《たもんいんにっき》』には砂糖を堺《さかい》で購入している記事が散見し、奈良では堺の二倍の値段であるとも述べている（天正八年正月九日条）。また、砂糖以外の薬種（漢方薬の原料）も堺で購入しており、戦国時代には砂糖や薬種は堺が供給源となっていた。これらは中国貿易や南蛮貿易により堺に持ち込まれたものであり、堺には砂糖を求める人々が京や奈良などから集まり、活発な取引が行われていた。砂糖は奈良では堺の二倍の値段となっていることから、少し離れた場所では値段が高騰することがわかり、まして関東ではさらに高価になったはずである。関東では北条氏や古河公方のような最上級者が砂糖を独占的に入手し、それをほかの武士に贈ることで文化的にもみずからが上位に立っていることを示していたといえよう。そして、贈られた武士は砂糖を食すことで、新たな味覚に目覚め、以後も砂糖を食べたいと思ったことだろう。こうして砂糖は関東にも広まり、砂糖の味を知る人は増加していった。

　砂糖は平安時代の貴族の間で贈答されていた事例があるが（『後二条師通記』寛治《かんじ》五年十月二十五日条）、当時は輸入量はわずかであり、室町時代の日明《にちみん》貿易により輸入量が増大し、戦国時代の南蛮貿易によりさらに増加したと考えられる。長宗我部元親《ちょうそかべもとちか》が織田信長《おだのぶなが》に明智光秀を通じて、鷹と砂糖を献上した事例（『信長公記《しんちょうこうき》』）や、島津義久《しまづよしひさ》が徳川家康に砂糖を献上した事例があるが、これらは西から東に向けて砂糖が動いていく流れを象徴的に示している。島津氏の場合は南蛮貿易や琉球による中継貿易に関与しており、それを通じて入手した砂糖を贈ったと考えられる。

関東の武士による砂糖への欲求を示す記述が佐竹義宣《さたけよしのぶ》の家臣大和田重清の日記にみえる(『大和田重清日記』)。佐竹義宣は豊臣秀吉に名護屋参陣を命じられ、参陣を果たしたが、重清も急遽義宣の命により名護屋に向かった。文禄《ぶんろく》二年(一五九三)七月末、名護屋参陣中に重清は義宣の命により、いろいろなものを購入するため、長崎・平戸を訪れることになった。重清は長崎到着後、宿の亭主リンス(ポルトガル人カ)から麦に砂糖を混ぜた料理を振る舞われ、夜食には南蛮料理と白砂糖を食べた。南蛮料理において砂糖が重要な要素を占め、それに重清が魅了された様子がうかがえる。

長崎・平戸と砂糖

長崎では緞子《どんす》や薬種、手火矢や塩硝など多様な物を購入しているが、なぜか砂糖は購入していない。次に平戸へ向かい、白砂糖がなかったので、仕方なく黒砂糖二十斤《きん》を銀九匁《もんめ》で買っている。平戸で買ったのはこれのみであり、おそらく長崎では砂糖を入手できなかったため、平戸で砂糖の入手を図ったと考えられる。料理では砂糖が出されているので、長崎に砂糖がなかったわけではないだろうが、品不足または売り惜しみにより、購入できなかったのだろう。

重清は名護屋に戻った後、砂糖一斤を義宣に献上した。また、佐竹氏一族の北義憲や芦名盛重、佐竹氏重臣である人見主膳(藤通)や大山氏、関係が深い宇都宮氏にも砂糖を贈っている。こうした上級者に砂糖を贈っているのは、砂糖が貴重品であると同時に、人々がいかに砂糖を欲していたかを物語っている。彼らは入手した砂糖を食べると同時に、みずからの家臣にも分け与えたと思われる。これらの人々の中にも砂糖をはじめて食べた者も多かっただろう。

このように、佐竹氏は名護屋参陣の機会を利用して、かねてから喉から手がでるほど欲しかった南蛮貿易の品々を入手し、それを通じて砂糖が佐竹氏関係者に広まったのである。ほかの名護屋参陣中の大名も同様のことをしたと思われ、参陣を通じて、砂糖の味を知った者が増えたと考えられる。

南蛮菓子の登場

こうした砂糖の流入は南蛮菓子という新たな菓子をもたらした。『太《たい》閤記《こうき》』の冒頭にある「或問」には、バテレンが上戸《じょうご》にはぶどう酒など、下戸《げこ》には「かすていら、ぼうる、かるめひる、あるへい糖、こんぺい糖」を与えて宗門に引き入れるとある。『太閤記』が書かれたのは、寛永十四年（一六三七）閏三月より少し前と推測されており（『新古典文学大系　太閤記』解説）、近世初頭においてこれらが南蛮菓子として、それなりに普及していたことを示している。また、キリスト教への勧誘に際しては、南蛮渡来の酒や菓子を振る舞うことが有効であり、人々がこれらのものに強い関心を持ったことがわかる。

かるめひるはカルメラのことで、氷砂糖に卵白を加えて熱したものを冷やして固めたもの、あるへい糖（有平糖）は砂糖に飴を加えて煮つめたものである（『日本国語大辞典』）。このように砂糖が入った菓子が伝えられ、以前にも増して甘い菓子を食べるようになり、その影響を受けて、和菓子にも砂糖が加えられ、現在の砂糖入りの菓子の原型が生まれたのである。

南蛮菓子の贈答例としては、島津義弘が徳川家康に南蛮菓子四壺を贈った例がある（島津家文書）。義弘は元和《げんな》五年（一六一九）七月に亡くなっているので、それ以前に行われたものである。また、慶長《けいちょう》十三年（一六〇八）、バテレンが年頭の礼として、島津氏に御樽一丁と南蛮菓子一折を献上している（『薩藩旧記』）。この点から義弘が献上した南蛮菓子はバテレンの献上品を流用したものと考えられる。当初においては南蛮菓子はバテレンからの献上品が主であったと思われるが、『毛吹草《けふきぐさ》』（寛永十五年〈一六三八〉の序文）には名物として、冷泉《れいぜい》通りの南蛮菓子が挙げられている。冷泉通りは現在の夷川《えびすがわ》通りのことで、この通りに面した店で南蛮菓子が作られていた。この頃には製法が伝えられて、国産化され、名物となるほど一般にも普及していたのである。現在も残っている南蛮菓子にはコンペイトウ（金米糖）・カステラ・カルメラがあり、いずれも甘いというイメージが強固である。

贈り物と宴会をめぐる問題――エピローグ

歴史学と民俗学

贈り物と宴会に関して、いくつかのテーマを設定して、その実態を述べてきた。最初に述べたように、本書は贈り物と宴会に関するテーマのごく一部を記したに過ぎない。柳田国男は民俗事例における贈り物や宴会に関して多くの言及をしているが、歴史学の側では柳田の提言に対していまだ対応しきれていないのが実情である。一方、民俗学の側でもこうしたテーマに関して民俗調査を行い、報告書にその記録が掲載されるが、その時代的変化を位置づける意識は薄いことが多い。一般には柳田は民俗学者とされるが、その叙述においては常に民衆生活の歴史的変化を跡づけることを意識しており、民俗事例を主な資料とする歴史の叙述者といってもさしつかえない。柳田のこうした側面は歴史学・民俗学どちらからも言及されることはないが、贈り物や宴会の本質や歴史に関しても、柳田の提言をもとにして検討を加えていく必要があるだろう。

本書では室町幕府の年中行事に関連して精進解《しょうじんとき》について述べたが、これに関してもすでに柳田は「田作りまな祝ひ」などで言及している。「田作りまな祝ひ」では芭蕉七部集の句「つい田作りに落る精進」により、田作り（片口鰯を加工したもの）をつまんで精進落をしてから花見に行く慣習の存在を明らかにしている。また、「気にかゝる朔日しまの精進箸」という句から、箸には精進中に使う精進箸と魚を取る「まな箸」があり、精進箸をイモヒバシと読むと述べている。

イモヒ（イモイ）とは漢字では斎や忌にあたり、身を慎むことや精進料理を意味する。柳田は仏教が日本に入る前から精進にあたる言葉があり、それが「イモヒ」であるとしている。ちなみに『日本書紀《にほんしょき》』敏達《びだつ》天皇十三年には「斎食」の文字が記され、前田本『日本書紀』では「イモヒ」の訓が記されている（『日本国語大辞典』）。仏教伝来以前の日本の慣習を明らかにするという発想は国学的なものであるが、身を慎む日常と開放的な日の両方が仏教伝来以前から存在していたかは解明すべき問題ではある。

一般に民俗学では身を慎む日常をケ、開放的な日をハレとする概念をよく使用するが、ハレの日には祭り、年中行事や宴会、さらにはそれに伴って贈答が行われる。この概念からすれば、精進解のための魚鳥の贈与はケからハレへの転換を促すために行われるものとなる。また、淡々と過ぎていく時の中で、暦の上で変化をもたらすのが節日《せちび》であり、その時を捕えて節会《せちえ》が行われる。節日とはまさにハレの日であり、本書で扱ったように年中行事・宴会・贈答が行われる。このように、宴会や贈答は日常に変化をもたらす意味があった。

ところで、食事や贈答品に水産物が多いのが日本の特徴であり、国民的体質とする言説がある。最初に述べたように柳田もこの点について言及し、のしを添える贈答慣行からこの点の本質に迫った。現在、世界の海で捕られる海産物の多くが日本に運ばれているのも事実であり、近年は水産資源維持の点から問題とされ、漁獲制限が行われている魚種もある。こうした資源管理の問題を考えるうえでも、水産物と贈答・宴会との関係は追究されるべきテーマである。その中でも問題となっているのが捕鯨である。鯨は日本の食文化の象徴とされ、それを根拠に捕鯨の継続が主張されるが、鯨に対する認識や食生活における鯨が占めた位置などをより明らかにする必要があるだろう。また、世界的な視野で、国や地域ごとの海との関わり、海産物に対する嗜好性の違いなどを比較検討することで、日本の特徴が真に解明されることになる。

贈り物と宴会

宴会の本質に関しても柳田は言及し、同じものを食べることで、目にみえない連鎖を人々の間で結ぶことと述べている。贈り物も他人に同じものを贈ることで、相互につながりを持つことを目的とする点では宴会と同様である。結局、贈り物や宴会は本質的にはその参加者と縁を結ぶことといえよう。中世や近世の日記を読むと、つきあいのある人からものが贈られてきた記事で埋めつくされていることに気づく。年中行事が行われるような特別な時のみでなく、日常的にいかに贈答が盛んであったかが知られる。現代人は必要なもののほとんどを商品を購入することで獲得するが、中世や近世においては主に贈られたものを利用して生活していたといえる。

ものが贈答行為を通じて、広まっていく過程は多様である。一つは年貢・公事《くじ》として納入されたものが領主によって贈答される場合がある。また、献上されたものが別人に贈られたり、下賜される場合もある。献上された鯨が、公儀を体現する信長や北条氏によってその配下の者に裾分《すそわ》けという理念で配られていった事例もその一つである。また、亥子餅《いのこもち》も将軍から多くの人々に下賜されていた。亥子餅の下賜は彼らが室町幕府体制の枠組みに属していることを象徴するものであった。言い換えれば、この行事に参加して、亥子餅の下賜を受けることはみずからが室町幕府という秩序の中に所属し、その中でいかなる位置にいるかを確認することであった。それは同時に室町幕府の庇護下にあることを意味し、みずからを安全な状態に保つことにつながった。逆に行事への不参加は秩序からの離脱であり、みずからを危険な状況に置くことを意味した。こうした意味があるゆえに、年中行事・宴会・贈答への参加に対して強制力が働いた点にも注意すべきである。

本書ではさまざまな年中行事を扱ったが、室町時代に最も盛んであった八朔《はっさく》や亥子餅の贈答は民俗事例としては残存しているものの、現在は一般的にはまったく残っていない。八朔は果物の名前としては認識されているが、年中行事であったことを知る人は稀であろう。亥子にいたっては言葉を知る人もほとんどいないと思われる。また、五節供《ごせっく》の一部は雛祭り・鯉のぼり・菖蒲湯・七夕という形式で現在も行われているが、本来その日に行われていた贈答は行われていない。端午《たんご》の節供の贈答品であった粽《ちまき》が現在菓子として食べる習慣として残っているのみである。

このように、過去の年中行事は現代においては廃絶したものも多く、行事に伴っていた贈答もほとんど行われていない。だが、中世や近世には特定の日に同一の行事が上は幕府や朝廷、下は村落で行われていた点に注意を向ける必要がある。明治以降、天皇が国家や国民としての統合の象徴となったが、こうした年中行事にも同様の機能があった。さまざまなレベルで行われる年中行事で使用されるものは村落から公事として納入され、それが贈答されたり、宴会で食べられたりする。将軍や天皇と村落の人々は同席することはできないが、同一行事の実行や公事の納入により村落と将軍や天皇が結ばれて、統合されたともいえる。さらに亥子餅の献上のように、村落と天皇が直結することもあった。八瀬童子《やせのどうじ》も天皇や将軍と直接的な関係を結んでいた一例である。また、近世には徳川将軍に多様なものが献上されていて、献上した村は諸役免除などの特権を与えられていた。これらの事例は贈答行為全体の中では特殊な例といえるが、それが果たした歴史的意味を改めて問い直す必要があるだろう。

あとがき

贈答や宴会の研究に取り組むようになった契機はいくつかある。一つは動物や植物への関心である。もともと動物や植物の分類や生態などに興味があり、動物学や植物学、生態学関係の本を読んだりした。また、地質や地形など地学・地理学分野にも関心があり、こうしたさまざまな要素を総体として捉えて自然環境を考えていく必要性を感じていた。そして、こうした生態的な要素を組み込んだ論文を何本か書き、自然環境と歴史学の融合を模索していた。その一方で、史料を眺めていて、動物や植物の名前が出てくると気になっていた。なかでも贈答や宴会で使用される物には、動物や植物が多くみえるので、その生態や人との関係を明らかにしようと考えるようになった。

もう一つの契機は一九八〇年十月に刊行された網野善彦『日本中世の民衆像』（岩波新書）を読んだことである。この本では年貢・公事・三日厨・供給といった贈答や宴会に関係する事象が扱われていたが、それがたいへん印象に残っていた。その時に贈答や宴会の研究をしようと思ったわけではないが、長く意識下にあり、動物や植物への関心とも合体して、いつしか研究がそうした方向に進んでいった。こうした経過を経て、現在、『網野善彦著作集』（岩波書店）の編集の一端を担うようになり、改めて贈与や宴会、年貢や公事の本質を解明すべきと考え、ようやく一書にまとめることができた。とはいえ、本書はこうした課題の一部を論じたにすぎず、多くの宿題が残されている。

柳田国男の著書を読んだことも契機の一つである。高校に入り、古典の授業では最初に『遠野物語』を読まされた。これはいきなり一般的な古文を読むのは難しいという担当の先生の判断によるものだが、その時は話の内容もあまり理解できず、何となく怖く、得体の知れない話という印象を持った。後に網野善彦『蒙古襲来』や『日本中世の非農業民と天皇』などを読むと、それには柳田国男の著書が引用されていることもあって、民俗学にも関心を持った。ちょうどその頃、神奈川短期大学で行われていた同氏の講義を勝手に受けていたが、その近くの六角橋（横浜市神奈川区）にある古本屋でたまたま筑摩書房の『定本柳田国男集』をみつけて購入した。

これをかたっぱしから読んでいったところ、現在も行われている慣習や無意識に使っている言葉に贈答や宴会に関わるものが多く残っていることを気づかされた。そして、改めて中世の史料をみると、柳田が言及した贈答や宴会関係の言葉があることを発見し、こうした言葉の使用法や本質的な意味を追究することが必要と考えるようになった。本書はこうしたいくつかの契機があって、できあがったものであり、今後もこうしたテーマを追究していくつもりである。

なお、本書刊行にあたっては、吉川弘文館編集部の一寸木紀夫氏、伊藤俊之氏にはたいへんお世話になった。ここに感謝の一文を記しておきたい。

二〇〇八年二月

盛　本　昌　広

参考文献

辞典・史料

鈴木棠三『日本年中行事辞典』(『角川小辞典』一六)、角川書店、一九七七年
『日本国語大辞典』小学館、二〇〇〇〜二〇〇二年
『国史大辞典』吉川弘文館、一九七九〜一九九七年
『日本史大事典』平凡社、一九九二〜一九九四年
『角川日本地名大辞典』角川書店、一九七八〜一九九〇年
『日本歴史地名大系』平凡社、一九七九〜二〇〇五年
石川松太郎校注『庭訓往来』(『東洋文庫』二四二)、平凡社、一九七三年
渋沢敬三・神奈川大学日本常民文化研究所編『新版絵巻物による日本常民生活絵引』一、平凡社、一九八四年
『日本古典文学大系』岩波書店、一九五七〜一九六九年
檜谷昭彦・江本裕校注『太閤記』(『新日本古典文学大系』六〇)、岩波書店、一九九六年
岩崎佳枝・網野善彦・高橋喜一・塩村耕校注『七十一番職人歌合・新撰狂歌集・古今夷曲集』(『新日本古典文学大系』六一)、岩波書店、一九九三年

相生市史編纂専門委員会編『相生市史』八上・八下、相生市、一九九二・一九九五年

書籍・論文

阿部謹也『中世の窓から』朝日新聞社、一九八一年
網野善彦「『新猿楽記』の「諸国土産」について」山岸徳平・竹内理三・家永三郎・大曾根章介校注『古代政治社会思想』（『日本思想大系』八）、岩波書店、一九七九年
網野善彦『日本中世の民衆像』（『岩波新書』）、岩波書店、一九八〇年
網野善彦『日本中世の非農業民と天皇』岩波書店、一九八四年
網野善彦『中世民衆の生業と技術』東京大学出版会、二〇〇一年（『網野善彦著作集』九、岩波書店、二〇〇七年、にも収録）
網野善彦『中世都市論』（『網野善彦著作集』一三）、岩波書店、二〇〇七年
井原今朝男『日本中世の国政と家政』校倉書房、一九九五年
今谷　明『日本国王と土民』（集英社版『日本の歴史』九）、集英社、一九九二年
奥野高広『増訂織田信長文書の研究』下、吉川弘文館、一九七〇年
小野晃嗣『日本産業発達史の研究』法政大学出版局、一九八一年
小野晃嗣『日本中世商業史の研究』法政大学出版局、一九八九年
高橋昌明『湖の国の中世史』平凡社、一九八七年
春田直紀「中世後期における生鮮海産物の供給―若狭国御賀尾浦の美物を中心に」『小浜市史紀要』六、

小浜市教育委員会、一九八七年
春田直紀「『看聞日記』のなかの美物贈与」『伏見宮文化圏の研究』平成一〇〜一一年度科学研究費補助金〔基盤研究C〕研究成果報告書、二〇〇〇年
二木謙一『中世武家儀礼の研究』吉川弘文館、一九八五年
盛本昌広『日本中世の贈与と負担』校倉書房、一九九五年
盛本昌広『松平家忠日記』(『角川選書』三〇四)、角川書店、一九九九年
盛本昌広「戦国武士の日記にみる贈答」網野善彦編『民具と民俗』下(『ものがたり日本列島に生きた人たち』九)、岩波書店、二〇〇〇年
柳田国男『定本柳田国男集』一四、筑摩書房、一九六二年
山中　裕『平安朝の年中行事』(『塙選書』)、塙書房、一九七二年
脇田　修『織田政権の基礎構造』(『織豊政権の分析』一)、東京大学出版会、一九七五年

著者紹介
一九五八年、神奈川県に生まれる
一九七二年、慶応大学文学部国史学科卒業
二〇〇〇年、中央大学より博士(文学)学位授与
主要著書
日本中世の贈与と負担　松平家忠日記

歴史文化ライブラリー
254

贈答と宴会の中世
二〇〇八年(平成二十)五月一日　第一刷発行
著　者　盛《もり》本《もと》昌《まさ》広《ひろ》
発行者　前田求恭
発行所　株式会社　吉川弘文館
東京都文京区本郷七丁目二番八号
郵便番号一一三―〇〇三三
電話〇三―三八一三―九一五一〈代表〉
振替口座〇〇一〇〇―五―二四四
http://www.yoshikawa-k.co.jp/
印刷＝株式会社 平文社
製本＝ナショナル製本協同組合
装幀＝清水良洋・黒瀬章夫

歴史文化ライブラリー

1996.10

刊行のことば

現今の日本および国際社会は、さまざまな面で大変動の時代を迎えておりますが、近づきつつある二十一世紀は人類史の到達点として、物質的な繁栄のみならず文化や自然・社会環境を謳歌できる平和な社会でなければなりません。しかしながら高度成長・技術革新にともなう急激な変貌は「自己本位な刹那主義」の風潮を生みだし、先人が築いてきた歴史や文化に学ぶ余裕もなく、いまだ明るい人類の将来が展望できていないようにも見えます。このような状況を踏まえ、よりよい二十一世紀社会を築くために、人類誕生から現在に至る「人類の遺産・教訓」としてのあらゆる分野の歴史と文化を「歴史文化ライブラリー」として刊行することといたしました。

小社は、安政四年（一八五七）の創業以来、一貫して歴史学を中心とした専門出版社として書籍を刊行しつづけてまいりました。その経験を生かし、学問成果にもとづいた本叢書を刊行し社会的要請に応えて行きたいと考えております。

現代は、マスメディアが発達した高度情報化社会といわれますが、私どもはあくまでも活字を主体とした出版こそ、ものの本質を考える基礎と信じ、本叢書をとおして社会に訴えてまいりたいと思います。これから生まれでる一冊一冊が、それぞれの読者を知的冒険の旅へと誘い、希望に満ちた人類の未来を構築する糧となれば幸いです。

吉川弘文館

〈オンデマンド版〉
贈答と宴会の中世

歴史文化ライブラリー
254

2021年（令和3）10月1日　発行

著　者　盛《もり》 本《もと》 昌《まさ》 広《ひろ》

発行者　吉 川 道 郎

発行所　株式会社　吉川弘文館

〒113-0033　東京都文京区本郷7丁目2番8号
TEL　03-3813-9151〈代表〉
URL　http://www.yoshikawa-k.co.jp/

印刷・製本　大日本印刷株式会社

装　幀　清水良洋・宮崎萌美

盛本昌広（1958～）

ISBN978-4-642-75654-9

〈オンデマンド版〉
アマテラスと天皇
〈政治シンボル〉の近代史

歴史文化ライブラリー
334

2021年（令和3）10月1日　発行

著　者　千《ち》葉《ば》　慶《けい》
発行者　吉川道郎
発行所　株式会社　吉川弘文館
〒113-0033　東京都文京区本郷7丁目2番8号
TEL　03-3813-9151〈代表〉
URL　http://www.yoshikawa-k.co.jp/

印刷・製本　大日本印刷株式会社
装　幀　清水良洋・宮崎萌美

千葉　慶（1976～）

ISBN978-4-642-75734-8